Títulos relacionados

COML0121_1
SERVICIO DE ENTREGA Y RECOGIDA DOMICILIARIA
[DISPONIBLE CERTIFICADO COMPLETO]

Solicítalos en:
- Librería
- www.paraninfo.es
- Solicitudes nacionales +34 914 463 350
- Solicitudes fuera de España +34 913 308 907, +34 913 308 919

Operaciones posteriores a la entrega/recogida
UF4001

Félix Sánchez Paredes

© 2024 Ediciones Paraninfo, S. A.
© 2024 Félix Sánchez Paredes
Edición y maquetación: Ediciones Nobel, S. A.
Impresión: Liberdigital (Casarrubuelos, Madrid)
ISBN: 978-84-283-6928-2
Depósito legal: M-26957-2024

Impreso en España

Félix Sánchez Paredes es licenciado en Sociología y máster en Sistemas Integrados de Gestión y Logística Integral. Desde 1998 trabaja en el sector de la logística y el transporte, y en 2015 obtuvo el Certificado de Competencia Profesional para el Transporte de Mercancías por Carretera. Además, está acreditado como docente en formación profesional en el ámbito de la logística comercial y gestión del transporte.

Ha escrito varios manuales y guías, entre ellos *Comprador de transporte: El puesto de trabajo presente y futuro, Seguridad en el transporte de mercancía: Un argumento de venta y una metodología de trabajo* y *Auxiliares de comercio y atención al cliente en el punto de venta.*

Índice

Introducción normativa IX

1. Tratamiento de los productos tras el proceso de entrega 1

    1.1. Tareas después del reparto (control en los sistemas,
         uso de equipos para la parametrización de los envíos
         y registro de los resultados) 11

    1.2. Registro de las entregas/recogidas (devoluciones, envío pendiente
         de una nueva entrega, envíos rehusados, entre otros). 16

    1.3. Tratamiento según la naturaleza del producto 22

         1.3.1. Clasificación de productos 22

         1.3.2. Almacenamiento y manejo. 22

         1.3.3. Logística y transporte 26

         1.3.4. Capacitación del personal 26

         1.3.5. Tecnología y seguimiento. 26

         1.3.6. Normativas y regulaciones 27

         1.3.7. Experiencia del cliente 27

    1.4. Productos perecederos que necesitan refrigeración, congelación:
         alimentos, medicamentos y limpieza, entre otros 29

    1.5. Productos no perecederos o duraderos (no necesitan refrigeración:
         textil, joyería, libros y muebles, entre otros) 34

    1.6. Productos frágiles 36

    1.7. Mercancías peligrosas 39

         1.7.1. Tipos de riesgos 40

         1.7.2. Medidas preventivas. 41

    1.8. Dimensionales (gran tamaño) 42

    1.9. Otros productos 45

    1.10. Consideraciones sobre el resultado de la entrega
         y/o recogida atendiendo a posibles incidencias en el proceso 46

2. La documentación de la entrega y/o recogida.................................. 57

2.1. Tratamiento de la documentación del proceso de entrega y/o recogida... 62

    2.1.1. La importancia de la documentación en la entrega y recogida ... 63

2.2. Cumplimentación de la documentación resultado de la entrega
y/o recogida.. 67

    2.2.1. Contrato de transporte 67

    2.2.2. Carta de porte 67

    2.2.3. Albarán de transporte (documento de control)................ 67

    2.2.4. Albarán de entrega... 67

    2.2.5. Nota de entrega 67

    2.2.6. Manifiesto de entrega...................................... 68

    2.2.7. Orden de recogida 68

    2.2.8. Albarán de recogida 68

    2.2.9. Albarán de venta... 68

    2.2.10. Factura... 68

    2.2.11. Recibo de entrega o recogida.............................. 68

    2.2.12. Lista de contenido *(packing list)* 68

2.3. Protección de datos y registro de la información recogida
en la documentación.. 77

    2.3.1. Protección de datos y servicio *delivery* del canal HORECA 79

    2.3.2. Principales formas de cumplir con el RGPD 79

    2.3.3. Información sensible de carácter personal y privado 80

    2.3.4. Solicitar consentimiento según el RGPD 82

    2.3.5. Circular 1/2023 sobre el Artículo 66.1.b) de la Ley General
de Telecomunicaciones....................................... 83

    2.3.6. Diferencias entre contratos de transporte y documentación
comercial en el comercio minorista.......................... 84

Supuesto práctico solucionado 86

Test de autoevaluación... 93

Glosario.. 97

Introducción normativa

La Ley Orgánica 3/2022, de 31 de marzo, de ordenación e integración de la Formación Profesional, contiene una disposición derogatoria única que afecta a la regulación de los certificados de profesionalidad, ahora denominados **Certificados Profesionales**. La referida normativa deroga la Ley Orgánica 5/2002, de 19 de junio, de las Cualificaciones y de la Formación Profesional, y abre un escenario de cambios que se irán implementando progresivamente.

La Ley Orgánica 3/2022, de 31 de marzo, de ordenación e integración de la Formación Profesional implica que toda la formación es acumulable. La oferta formativa se estructura de forma escalonada, siendo los Certificados Profesionales un nivel intermedio (Grado C) de una escala que va desde el Grado A hasta el E.

En los artículos 35 a 38 de la Ley 3/2022 se describe en qué consisten estos Certificados Profesionales: su oferta, formación asociada, estructura, duración, acceso, titulación y validez. Posteriormente, esta normativa se completa con lo dispuesto en el Real Decreto 659/2023, de 18 de julio, que desarrolla la ordenación del sistema de Formación Profesional. Concretamente en los artículos 67 a 81 es donde se hace referencia a la oferta formativa de Grado C, correspondiente a los Certificados Profesionales.

Están agrupados en 26 familias profesionales con características comunes del sector. En la actualidad hay más de medio millar de Certificados Profesionales incluidos en el Repertorio Nacional. Esta cifra no deja de crecer. Además, cada certificado está específicamente regulado por un real decreto.

Un Certificado Profesional corresponde al Grado C de la oferta del Sistema de Formación Profesional. Es un documento oficial, con validez en todo el territorio nacional y debe constar en el Catálogo Nacional de Ofertas de Formación Profesional, que certifica la capacitación para el desarrollo de una actividad profesional.

Debe detallar los módulos profesionales superados y los estándares de competencia profesional asociados a él e incluidos en el **Catálogo Nacional de Estándares de Competencias Profesionales**, así como su correspondencia con el Marco Español de Cualificaciones.

Despliegan su validez en un doble ámbito, laboral y académico:

- En el contexto laboral tienen validez profesional, porque acreditan las competencias en una determinada profesión. Para poder trabajar en algunas profesiones, se exigen determinadas cualificaciones, y los certificados sirven para acreditarlas.

- Asimismo, tienen validez académica, puesto que permiten continuar un itinerario formativo siempre que se cumplan los requisitos de acceso para cursar la titulación deseada. De tal modo que, los Certificados Profesionales que sean parte de un Grado D permitirán la matrícula modular para completar los módulos establecidos en el currículo y obtener el correspondiente título de técnico básico, técnico o técnico superior con validez en todo el territorio nacional.

Para obtener un Certificado Profesional (Grado C) es preciso cumplir con los requisitos de acceso para realizar la formación.

Estructura de los Certificados Profesionales

 I. Identificación: denominación, familia y área profesional a la que pertenecen; nivel de cualificación profesional (1, 2 o 3); cualificación profesional de referencia; entorno profesional y módulos formativos que esté previsto cursar junto con la duración de cada uno de ellos.

 II. Perfil profesional: incluye las competencias profesionales requeridas en el mercado laboral. En todas ellas se concretan las realizaciones profesionales y los criterios de realización.

 III. Formación: describe los módulos formativos que esté previsto cursar para adquirir las competencias requeridas. En cada uno de ellos se indican las capacidades que se pretende alcanzar y la duración del módulo de prácticas no laborales —PNL—, para el que cabe solicitar exención si se cumplen determinados requisitos.

 IV. Prescripciones de las personas formadoras.

 V. Requisitos mínimos de espacios, instalaciones y equipamiento.

Los Certificados Profesionales se identifican con una denominación concreta y un código alfanumérico propio, y sirven para acreditar una determinada cualificación profesional. Cada certificado está asociado a una relación de unidades de competencia que, a su vez, se vinculan con una serie de módulos formativos específicos. Algunos módulos están integrados por unidades formativas y tanto unos como otras son, en ocasiones, transversales, lo que significa que se trata de contenidos incluidos en más de un Certificado Profesional.

Los Certificados Profesionales se articulan en tres niveles de competencia profesional (1, 2 y 3) conforme a lo dispuesto en el que será el Catálogo Nacional de Estándares de Competencias Profesionales, anteriormente Catálogo Nacional de Cualificaciones Profesionales (CNCP), según los criterios establecidos de conocimientos, iniciativa, autonomía y complejidad de las tareas, en cada una de las ofertas de Formación Profesional.

La oferta formativa dirigida a la obtención de los Certificados Profesionales tiene carácter modular para favorecer la acreditación parcial acumulable de la formación recibida y posibilitar así el avance en el itinerario de Formación Profesional para cualquiera que sea la situación laboral de cada persona en cada momento.

En definitiva, el Grado C constituye la oferta, parcial y acumulable, del sistema de Formación Profesional, de varios módulos profesionales del catálogo modular de Formación Profesional por razón de su significado en el mercado laboral y conducente a la obtención de un Certificado Profesional.

Las ofertas de Grado C de Formación Profesional tendrán por objeto módulos profesionales incluidos previamente en el catálogo modular de formación profesional y asociados al Catálogo Nacional de Estándares de Competencias Profesionales.

Finalidad de los Certificados Profesionales

- Contribuir a la ordenación de un Sistema de Formación Profesional al servicio de un régimen de formación y acompañamiento profesionales que sea capaz de responder con flexibilidad a los intereses, expectativas y aspiraciones de cualificación profesional de las personas a lo largo de su vida.

- Combinar escuela y empresa situando a la persona en el centro del sistema.

- Facilitar el aprendizaje permanente de toda la ciudadanía mediante una formación abierta, flexible y accesible, estructurada de forma modular, a través de la oferta formativa asociada al certificado.

- Acreditar las cualificaciones profesionales o las unidades de competencia recogidas en estas, independientemente de su vía de adquisición, bien sea través de la vía formativa, o mediante la experiencia laboral o vías no formales de formación.

- Favorecer, tanto a nivel nacional como europeo, la transparencia del mercado de trabajo.

- Contribuir a la calidad de la oferta de Formación Profesional.

Este libro

El presente libro desarrolla la Unidad Formativa denominada *Operaciones posteriores a la entrega/recogida,* UF4001.

Dicha unidad formativa está asociada a la Unidad de Competencia UC2368_1, y se incluye en el módulo formativo MF2368_1 *Entrega y recogida de envíos de productos a domicilio,* perteneciente a la Cualificación Profesional de referencia COM701_1, de nivel 1, incluida en el Certificado Profesional denominado COML0121_1 *Servicio de entrega y recogida domiciliaria,* dentro de la familia profesional Comercio y Marketing.

Según el Real Decreto 748/2022, de 13 de septiembre, los contenidos que en esta obra se recogen se corresponden con una duración de 30 horas.

Tanto la estructura como el desarrollo del libro se ajustan al citado Real Decreto y más concretamente a los contenidos de la Unidad Formativa que le da título *Operaciones posteriores a la entrega/recogida.*

Contenido

1. **Tratamiento de los productos tras el proceso de entrega.**
   — Tareas después del reparto (control en los sistemas, uso de equipos para la parametrización de los envíos y registro de los resultados).
   — Registro de las entregas/recogidas (devoluciones, envío pendiente de una nueva entrega, envíos rehusados, entre otros).
   — Tratamiento según la naturaleza del producto:
     • Productos perecederos que necesitan refrigeración, congelación: alimentos, medicamentos y limpieza, entre otros.
     • Productos no perecederos o duraderos (no necesitan refrigeración: textil, joyería, libros y muebles, entre otros).
     • Productos frágiles.
     • Mercancías peligrosas.
     • Dimensionales (gran tamaño).
     • Otros productos.

— Consideraciones sobre el resultado de la entrega y/o recogida atendiendo a posibles incidencias en el proceso.

— Gestiones relacionadas con los productos no entregados o con incidencias.

2. **La documentación de la entrega y/o recogida.**

— Tratamiento de la documentación del proceso de entrega y/o recogida.

— Cumplimentación de la documentación resultado de la entrega y/o recogida.

— Protección de datos y registro de la información recogida en la documentación.

■ Nota del Editor

En Ediciones Paraninfo estamos comprometidos con la calidad de la formación e intentamos que nuestros materiales respondan fielmente y con rigor a las necesidades de todos cuantos confían en nuestro sello editorial.

Tratamos de dar respuesta a los currículos de las unidades formativas y de los módulos que integran los distintos Certificados Profesionales, equilibrando la parte teórica con la práctica para que los procesos de aprendizaje se conviertan en experiencias gratificantes, tanto para docentes como para las personas inmersas en los procesos formativos.

Nuestros objetivos son contribuir de forma decisiva a afianzar aprendizajes, ayudar a adquirir destrezas que tengan significado para el empleo y conseguir potenciar el desarrollo personal.

Para lograrlo contamos con excelentes autores, expertos en las materias que abordan, en la mayoría de los casos docentes de dichas especialidades con dilatada experiencia tanto profesional como académica, porque buscamos perfiles familiarizados con los contextos laborales concretos a los que se refieren nuestros manuales.

Confiamos en poder serte de ayuda y esperamos tus impresiones acerca de nuestro trabajo. Sean positivas o negativas, serán muy bien recibidas y, sin duda, nos ayudarán a seguir mejorando y trabajando con ilusión para continuar siendo un referente en formación para el empleo.

Agradecemos tu confianza en nuestros manuales. Todo nuestro equipo queda a tu total disposición. Puedes contactar con nosotros en esta dirección de correo electrónico:

info@paraninfo.es

1. Tratamiento de los productos tras el proceso de entrega

Contenido

1.1. Tareas después del reparto (control en los sistemas, uso de equipos para la parametrización de los envíos y registro de los resultados)

1.2. Registro de las entregas/recogidas (devoluciones, envío pendiente de una nueva entrega, envíos rehusados, entre otros)

1.3. Tratamiento según la naturaleza del producto

1.4. Productos perecederos que necesitan refrigeración, congelación: alimentos, medicamentos y limpieza, entre otros

1.5. Productos no perecederos o duraderos (no necesitan refrigeración: textil, joyería, libros y muebles, entre otros)

1.6. Productos frágiles

1.7. Mercancías peligrosas

1.8. Dimensionales (gran tamaño)

1.9. Otros productos

1.10. Consideraciones sobre el resultado de la entrega y/o recogida atendiendo a posibles incidencias en el proceso

La venta en línea y la entrega de pedidos a domicilio se han vuelto una forma cotidiana de consumo, sobre todo tras la pandemia de la COVID-19. Las empresas deben estar preparadas para ofrecer a sus clientes una experiencia de compra satisfactoria, cubriendo sus necesidades y con un proceso de entrega sin fallos ni retrasos. En 2020, el aumento en las compras *online* fue histórico. Por ejemplo, después de la pandemia, Mercado Libre sumó 5 millones de nuevos compradores y registró un récord de 1,4 millones de entregas diarias.

La gestión de pedidos incluye todos los esfuerzos logísticos que realiza una empresa desde el momento en que el cliente realiza la compra y solicita el envío a su domicilio o a un punto de recogida. Este proceso abarca operaciones como el despacho, el transporte, la planificación de rutas y otras necesarias para asegurar que el producto llegue a su destino final, cumpliendo con la entrega a tiempo y en las condiciones prometidas.

 VOCABULARIO

Pedido: solicitud de compra realizada por un cliente para adquirir uno o varios productos, que puede incluir detalles como cantidad, características y condiciones de entrega.

Gestión de pedidos: conjunto de procesos y acciones logísticas que una empresa desarrolla desde que el cliente realiza una compra hasta que el producto es entregado en su destino final, incluyendo despacho, transporte y planificación de rutas.

Fases del ciclo del pedido

Durante la logística de entrega de pedidos, el producto pasa por varias etapas necesarias para garantizar una entrega de calidad y una experiencia de compra satisfactoria:

1. Recepción del pedido: la empresa recibe los detalles del producto solicitado, incluyendo cantidad y características.

2. Comprobación del pedido: Se verifica que el pedido es correcto y se concreta la forma de pago.

3. Preparación del pedido: el producto se empaqueta, se embala y se organiza por lotes de salida según destinos, clientes, rutas, horarios de entrega, etcétera.

4. Envío y entrega del pedido: la mercancía se despacha desde el centro de trabajo y se distribuye mediante rutas planificadas, asegurando una entrega segura.

5. Comprobación de la entrega: una vez entregada la mercancía, se registra la entrega mediante un documento, firma, foto u otros métodos.

Ciclo de pedido y corte de pedido

Corte de pedido

| Recepción | Verificación | Preparación | Envío | Comprobación | Entrega |

 VOCABULARIO

Ciclo de pedido: conjunto de etapas que atraviesa un pedido desde su recepción hasta su entrega final, incluyendo la recepción, verificación, preparación, envío y comprobación de entrega.

Corte de pedido: horario límite en el que un cliente debe realizar una compra para que su pedido sea incluido en la próxima salida programada para reparto.

Proceso de entrega de pedidos a domicilio

Una vez gestionada la compra, el proceso de entrega comienza con la organización de la mercancía por lotes de pedidos según criterios de horarios.

Los criterios horarios habituales para organizar los pedidos de entrega a domicilio varían según el tipo de negocio, el tipo de producto, la ubicación geográfica y las preferencias del cliente, pero aquí hay algunos criterios comunes:

a) **Ventanas de entrega:** se establecen horarios específicos durante los cuales se pueden programar las entregas. Por ejemplo, una ventana de entrega de 9:00 a 12:00 y otra de 14:00 a 18:00.

b) **Plazo de preparación:** se refiere al límite temporal dentro del cual los clientes pueden realizar sus pedidos para que puedan ser procesados y entregados en la próxima programación de envíos. Por lo general, este plazo se establece con antelación a la ventana de tiempo designada para las entregas.

c) **Horario de entrega urgente:** se ofrecen horarios de entrega más rápidos para pedidos urgentes, generalmente con un costo adicional. Estos pueden incluir entrega en el mismo día o incluso en unas pocas horas.

d) **Horarios especiales:** algunas empresas ofrecen horarios de entrega específicos para ciertos tipos de productos o clientes, como entregas tempranas para productos perecederos, entregas nocturnas para clientes que trabajan durante el día o entregas en hospitales, residencias de ancianos, etcétera.

e) **Horarios flexibles:** se permite a los clientes seleccionar una hora de entrega específica dentro de una ventana más amplia, lo que les brinda más flexibilidad y control sobre el momento de recibir su pedido.

A continuación, se seleccionan los medios de transporte adecuados según las características de los productos, como vehículos refrigerados para mantener la cadena de frío.

Tras cargar los pedidos en los vehículos correspondientes, se despachan hacia sus rutas de distribución. La planificación previa de las rutas es vital para conseguir entregas puntuales.

En el destino, el transportista realiza la entrega puerta a puerta. El cliente verifica el producto y llena un comprobante que certifica la correcta recepción.

Finalmente, la empresa audita el proceso de entrega, identificando fallos o retrasos, y tomando medidas para evitar problemas similares en el futuro.

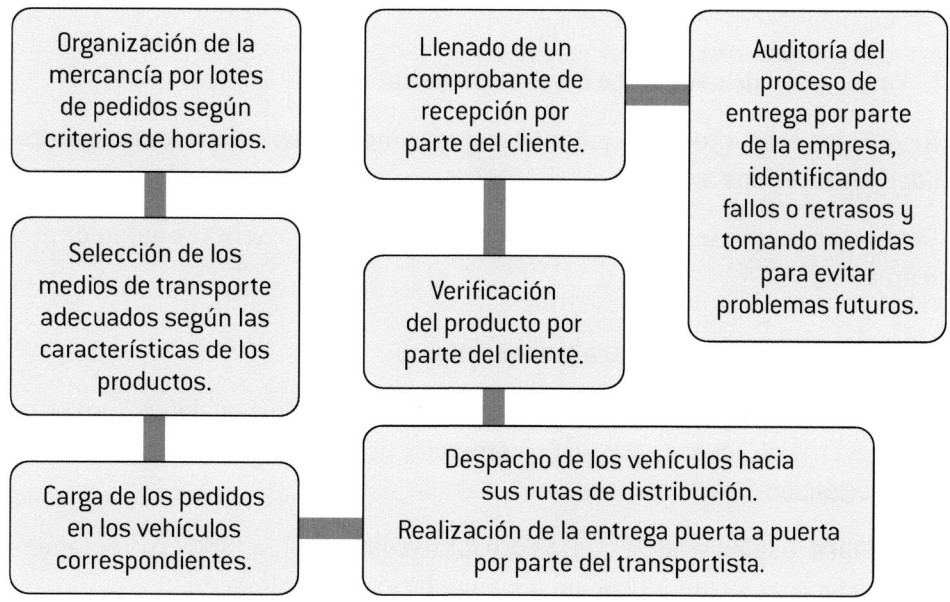

Optimización de la logística de entrega de pedidos

Para optimizar la logística de entrega, es imprescindible utilizar tecnologías especializadas que permitan planificar y gestionar mejor todos los procesos.

Por ejemplo, **PlannerPro** facilita la planificación de rutas según los objetivos de la empresa y las expectativas del cliente, optimizando variables como ventanas horarias y tiempo de servicio, reduciendo distancias y cumpliendo horarios de entrega.

El *software* **LastMile** permite realizar un seguimiento en tiempo real de los transportistas, emitir alertas para problemas inmediatos y gestionar los pedidos de forma digital. También cuenta con un sistema de comprobación donde el cliente puede firmar digitalmente y el personal de reparto registrar fotográficamente la entrega.

La entrega de pedidos se ha vuelto determinante para los *e-commerce*, ya que de esta etapa depende gran parte del éxito de negocios dedicados a la venta de bienes de consumo masivo. Adoptar tecnologías de planificación y optimización mejora la logística de distribución, la operatividad de las entregas, la experiencia del cliente y la rentabilidad de la empresa.

El tratamiento de los productos después del proceso de entrega o recogida es una parte no desdeñable de la cadena logística. Se incluyen diversas operaciones.

Las siguientes operaciones comunes emergen en las siguientes 24/48 horas después de la entrega o recogida:

I. Verificación de cantidad e inspección de calidad:

Revisar los productos para garantizar que cumplen con los estándares de calidad establecidos antes de su distribución o venta.

Descartar productos defectuosos o dañados y documentar cualquier problema.

II. Clasificación previa a su almacenamiento:

Organizar física de los productos según su tipo, tamaño o cualquier otro criterio relevante de acuerdo con su fin comercial: activo productivo o activo de comercialización.

Etiquetado: asegurarse de que los productos estén etiquetados correctamente para facilitar su identificación y manipulación en el almacén.

III. Inventario:

Actualizar los registros de inventario para reflejar la cantidad real de productos en existencia.

Notificar cualquier discrepancia entre el inventario registrado (inventario teórico) y el físico.

IV. Embalaje:

Desconsolidar y desembalar los productos. Considerando las particularidades físicas, morfológicas y el objeto de tratamiento posterior.

Se desembalan los productos de manera segura y eficiente, considerando los requisitos de posteriores manipulaciones, movimientos o almacenamientos.

V. Colocación interna:

Localización y ubicación de los productos de manera que faciliten su distribución posterior, ya sea para su envío a tiendas minoristas o para su entrega directa a los clientes.

VI. Gestión de devoluciones:

Procesar y gestionar cualquier producto devuelto por los clientes, siguiendo los procedimientos establecidos: garantías, servicios técnicos, cambios, reembolsos, reprocesamiento, etcétera.

Inspeccionar los productos devueltos para determinar si pueden volver al inventario o requieren algún tipo de reparación o desecho.

VII. Actualización de sistemas de información:

Registrar todas las operaciones realizadas en los sistemas de información y bases de datos pertinentes.

Actualizar el estado de los productos y sus ubicaciones en el sistema de seguimiento.

VIII. Notificación a partes interesadas:

Informar a los departamentos relevantes, como gerencia, logística, contabilidad, ventas o servicio al cliente, sobre la disponibilidad actualizada de productos.

Notificar a los clientes sobre el estado de sus pedidos o devoluciones, según sea necesario.

El servicio posventa o postservicio es un conjunto de actividades y procesos que una empresa ofrece a sus clientes después de que una venta haya sido realizada o un servicio haya sido prestado. Permite fomentar la lealtad y asegurar la repetición de compra del negocio.

La siguiente tabla pretende diferenciar los puntos anteriores relativos a la gestión del tratamiento de los productos después del proceso de entrega entre comercio electrónico desde comercios locales, tiendas de alimentación y comida preparada a domicilio:

	Comercio electrónico	Tiendas de alimentación	Comida preparada a domicilio
I. Verificación de cantidad e inspección de calidad	Revisar productos para cumplir con estándares de calidad; descartar defectuosos; documentar problemas.	Inspeccionar productos frescos o envasados; descartar productos caducados o en mal estado; documentar problemas de calidad.	Verificar la calidad y presentación de la comida; asegurar que cumple con estándares de higiene; documentar cualquier fallo.
II. Clasificación previa a su almacenamiento	Organizar por tipo de producto, tamaño, destino final; etiquetado claro para manejo eficiente en almacén.	Clasificación por tipo de alimento (fresco, enlatado, congelado); etiquetado adecuado para manejo y conservación.	Clasificación por tipo de plato y cliente; etiquetado para identificación rápida y manejo seguro.

	Comercio electrónico	Tiendas de alimentación	Comida preparada a domicilio
III. Inventario	Actualizar registros de inventario; notificar discrepancias entre inventario teórico y físico.	Actualizar inventario en tiempo real; notificar diferencias para prevenir desabastecimientos o excesos.	Mantener registro preciso de ingredientes y productos terminados; ajustar inventario diariamente.
IV. Embalaje	Desembalar productos considerando sus características y tratamiento posterior; asegurar manipulación segura.	Desembalar alimentos cuidando la integridad y conservación; manejar embalajes especiales para productos perecederos.	Desembalar ingredientes y productos con cuidado higiénico; preparación y empaque adecuado para la entrega final.
V. Colocación interna	Localizar productos para facilitar envíos a minoristas o clientes finales; optimizar espacio de almacén.	Colocar productos estratégicamente para acceso rápido y eficiente; organización según rotación y tipo de alimento.	Ubicar comida preparada para entrega rápida; asegurar que platos estén listos para distribución inmediata.
VI. Gestión de devoluciones	Procesar devoluciones siguiendo procedimientos establecidos; inspeccionar productos devueltos para reintegro o reparación.	Manejar devoluciones de alimentos con criterios de seguridad; decidir sobre reincorporación o eliminación de productos.	Procesar devoluciones de comidas no aceptadas; evaluar si pueden ser reaprovechadas o deben ser descartadas.
VII. Actualización de sistemas de información	Registrar operaciones en sistemas de información; actualizar estado y ubicación de productos.	Mantener sistemas de inventario y trazabilidad actualizados; reflejar cambios en tiempo real.	Registrar pedidos y entregas en sistema; actualizar estado de preparación y entrega de comidas.

	Comercio electrónico	Tiendas de alimentación	Comida preparada a domicilio
VIII. Notificación a partes interesadas	Informar a departamentos relevantes y clientes sobre disponibilidad de productos y estado de pedidos o devoluciones.	Notificar a gerencia, logística y ventas sobre inventario y disponibilidad; informar a clientes sobre estado de sus pedidos.	Comunicar a clientes sobre el estado de sus pedidos; mantener informados a cocina y reparto sobre devoluciones y ajustes.

Esta tabla proporciona una visión clara del uso de los productos en kilogramos para la preparación de platos combinados *take away* y cómo afecta al inventario final de cada producto después de finalizar el servicio de entrega a domicilio.

Platos combinados y productos utilizados (en kg por unidad vendida)

Plato combinado	Carne (kg)	Vegetales (kg)	Arroz (kg)
Plato combinado 1	0,2	0,1	0,15
Plato combinado 2	0,3	0,2	0,2
Plato combinado 3	0,25	0,15	0,25

Inventario inicial y ventas

Plato combinado	Inventario inicial (unidades)	Unidades vendidas
Plato combinado 1	100	35
Plato combinado 2	150	50
Plato combinado 3	200	75

Cómputo de inventario de productos (en kg)

Producto	Inventario inicial (kg)	Unidades utilizadas (kg)	Inventario final (kg)
Carne	50	$35 \times 0,2 + 50 \times 0,3 + 75 \times 0,25 = 40,75$	$50 - 40,75 = 9,25$
Vegetales	40	$35 \times 0,1 + 50 \times 0,2 + 75 \times 0,15 = 24,75$	$40 - 24,75 = 15,25$
Arroz	38	$35 \times 0,15 + 50 \times 0,2 + 75 \times 0,25 = 37,25$	$38 - 37,25 = 0,75$

Desglose de control de inventario

Carne:

Inventario inicial: 50 kg

$$\text{Unidades utilizadas: } (35 \times 0,2) + (50 \times 0,3) + (75 \times 0,25) = 7 + 15 + {} + 18,75 = 40,75 \text{ kg}$$

Inventario final: 50 − 40,75 = 9,25 kg (necesita reabastecimiento)

Vegetales:

Inventario inicial: 40 kg

$$\text{Unidades utilizadas: } (35 \times 0,1) + (50 \times 0,2) + (75 \times 0,15) = 3,5 + 10 + {} + 11,25 = 24,75 \text{ kg}$$

Inventario final: 40 − 24,75 = 15,25 kg (necesita reabastecimiento)

Arroz:

Inventario inicial: 38 kg

$$\text{Unidades utilizadas: } (35 \times 0,15) + (50 \times 0,2) + (75 \times 0,25) = 5,25 + 10 + {} + 18,75 = 34 \text{ kg}$$

Inventario final: 38 − 34 = 4 kg (necesita reabastecimiento)

1.1. Tareas después del reparto (control en los sistemas, uso de equipos para la parametrización de los envíos y registro de los resultados)

Después del reparto, hay varias tareas específicas que llevan a cabo para asegurar un control efectivo desde los sistemas de información y garantizar una gestión completa de los envíos en función de los resultados demostrados.

Se refiere a una serie de acciones y procedimientos que se llevan a cabo una vez que se ha completado la entrega de productos o servicios.

a) **Control en los sistemas:** verificar y asegurarse de que todas las entregas se han registrado correctamente en el sistema, asegurando la precisión y actualización de los datos.

b) **Uso de equipos para la parametrización de los envíos:** utilizar dispositivos o herramientas informáticas para ajustar y configurar los parámetros necesarios para los envíos: actualización del estado del envío, la confirma-ción de entregas, la liquidación de los repartidores, etcétera.

c) **Registro de los resultados:** documentar y registrar los resultados de las entregas, incluyendo cualquier incidencia, retraso o comentario relevante sobre el proceso, para poder evaluar y mejorar la eficiencia del reparto.

Están relacionadas con el control en los sistemas, el uso de equipos para la parametrización de los envíos y el registro de los resultados:

1) Registro de la entrega:

- Registrar en el sistema la confirmación de la entrega, indicando la fe-cha, hora y detalles específicos de la transacción.

- Verificar que la entrega se haya realizado según las instrucciones y re-quisitos del cliente.

2) Actualización del sistema de seguimiento:

- Actualizar el sistema de seguimiento de la cadena logística con la infor-mación de la entrega, asegurando la visibilidad en tiempo real del esta-do de cada envío.

- Confirmar la finalización del reparto y ajustar los estados de los pedidos según sea necesario.

3) Control de inventario:

- Verificar y actualizar el inventario para reflejar los productos entrega-dos y aquellos que puedan haber quedado en el vehículo de reparto.

- Identificar cualquier discrepancia entre el inventario planificado y el real y tomar medidas correctivas.

4) Recolección de datos del equipo de entrega:

- Recopilar datos del equipo utilizado para la entrega, como lecturas de dispositivos de escaneo de códigos de barras o dispositivos de firma electrónica.

- Asegurarse de que los datos recopilados estén integrados en el sistema central para un registro preciso.

5) Verificación de la integridad de los productos:

- Realizar una verificación de la integridad de los productos entregados para asegurar que no haya daños o pérdidas durante el transporte.

- Registrar cualquier problema de calidad o daño para futuras investigaciones.

6) Parametrización del servicio para el siguiente reparto:

- Preparar los equipos de entrega para la siguiente jornada, configurando cualquier parámetro necesario.

- Asegurarse de que los dispositivos de escaneo, impresoras u otros equipos estén en condiciones de funcionamiento óptimas.

7) Generación de informes:

- Expresión cuantitativa sobre el desempeño del reparto, incluyendo estadísticas sobre entregas exitosas, tiempos de entrega, y cualquier incidencia relevante.

- Utilizar estos informes para evaluar la eficiencia operativa y realizar mejoras continuas en el proceso.

8) Mantenimiento preventivo de equipos:

- Realizar tareas de mantenimiento preventivo en los equipos utilizados para el reparto, asegurando su funcionamiento adecuado y prolongando su vida útil.

Tras los servicios de reparto es momento de poner al día entregas realizadas, entregas pendientes y registros de las incidencias pertinentes, además de asegurar la localización de la mercancía en función de su uso o consumo.

VOCABULARIO

Parámetros de los envíos: también conocidos como métricas de posentrega, son indicadores clave que permiten a las empresas evaluar el rendimiento de su servicio de entrega y la satisfacción del cliente. Se recopilan datos después de que un pedido se ha entregado al destinatario y proporcionan información valiosa sobre el funcionamiento general del proceso de envío.

Informe de control (operaciones diarias): es un documento que resume y analiza las actividades realizadas durante un periodo específico en una organización, proporcionando una visión detallada del rendimiento y cumplimiento de los objetivos operativos en el día a día.

Control en los sistemas:

Verificar estado del sistema

Corregir errores

Uso de equipos para la parametrización de los envíos:

Configuración de equipos

Pruebas de operatividad

Registro de los resultados:

Almacenar datos en el sistema

Generar informes

Ejemplo de visualización de gráficos

Explicación de los gráficos

1) Tiempo de entrega: este gráfico muestra la evolución del tiempo de entrega a lo largo de tres meses. la línea roja discontinua representa el promedio del tiempo de entrega.

2) Satisfacción del cliente: este gráfico muestra los niveles de satisfacción del cliente a lo largo del tiempo. La línea roja discontinua indica el promedio de la satisfacción del cliente.

3) Porcentaje de pedidos entregados a tiempo: este gráfico muestra el porcentaje de pedidos entregados a tiempo cada día. La línea roja discontinua representa el promedio de este porcentaje.

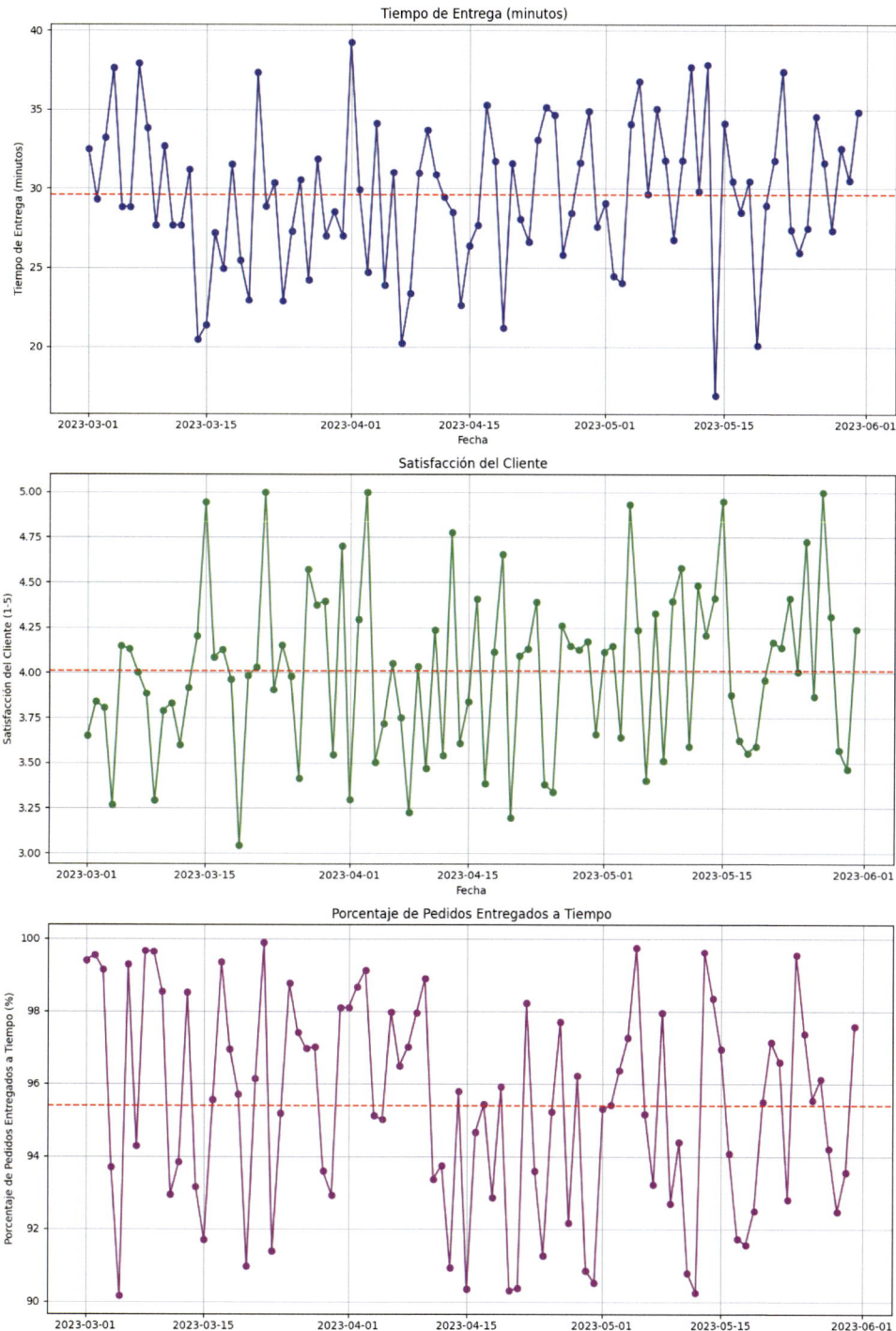

Nota: La frecuencia de valores de los gráficos anteriores está simulada y exagerada con efectos didácticos.

RECUERDA

La verificación diaria de la preparación de pedidos, la entrega oportuna, la gestión adecuada de los pagos y la rápida resolución de problemas son aspectos críticos para garantizar el éxito y la reputación de un servicio a domicilio.

Además de contribuir a la satisfacción del cliente, consolidan la rentabilidad del negocio a largo plazo.

Ejemplo de tabla de verificación diaria. En este ejemplo la prioridad es el control operativo sobre la preparación de pedidos de una heladería que ofrece servicios a domicilio con portaequipaje refrigerado en bicicletas y motocicletas para mantener la cadena de frío y evitar que el producto llegue descongelado o deformado.

Actividad	Estado
Preparación de pedidos	✔ / ✖
— Verificar inventario CÁMARA (por debajo de −18 °C)	✔ / ✖
— Envase adecuado para mantener la cadena de frío	✔ / ✖
Entrega de pedidos	✔ / ✖
— Coordinación de rutas de entrega	✔ / ✖
— Entrega oportuna en bicicletas y motocicletas (temperatura refrigerada)	✔ / ✖
— Tipo de helado, tamaño del envase, temperatura ambiente y distancia recorrida durante la entrega	✔ / ✖
Cobro de pedidos	✔ / ✖
— Procesamiento correcto de pagos	✔ / ✖
— Precisión en la facturación y entrega del comprobante al cliente	✔ / ✖
Solución de incidencias	✔ / ✖
Informe control, martes 23 de junio de 2026	

1.2. Registro de las entregas/recogidas (devoluciones, envío pendiente de una nueva entrega, envíos rehusados, entre otros)

En el sector de los servicios a domicilio, la gestión operativa diaria se convierte en la práctica primaria del buen funcionamiento del negocio. Hay que llevar a cabo un exhaustivo seguimiento para asegurarse de que todos los pasos del proceso, desde la preparación hasta la entrega final, se hayan llevado a cabo de manera eficiente y efectiva.

La verificación diaria de que todos los pedidos hayan sido preparados implica revisar meticulosamente los registros de inventario y los sistemas de gestión de pedidos para confirmar que se han tomado las medidas adecuadas para cumplir con las solicitudes de los clientes. No solo garantiza la disponibilidad de productos, sino también la precisión en la preparación de los pedidos, evitando posibles errores que podrían afectar la calidad del servicio.

Asimismo, la entrega puntual y completa de todos los pedidos permite mantener la confianza del cliente y cumplir con las expectativas de servicio. Esto implica coordinar eficientemente las rutas de entrega, monitorear el estado de los envíos en tiempo real y resolver cualquier incidencia que pueda surgir durante el proceso de entrega para asegurar que cada cliente reciba su pedido de manera satisfactoria.

Además, la correcta gestión de los pagos es crucial para mantener la salud financiera del negocio y cerrar transacciones sin problemas con los clientes. Implica verificar que se hayan realizado adecuadamente todos los pagos, que los importes sean precisos con la estructura de costes y precios y que no haya errores en la facturación que puedan generar disputas o insatisfacción por parte de los clientes.

La pronta identificación y resolución de fallos y errores es fundamental para minimizar el impacto en la experiencia del cliente y mantener altos niveles de calidad en el servicio. Requiere implementar sistemas de seguimiento y control de calidad, así como establecer protocolos claros para abordar cualquier problema que pueda surgir durante el proceso de preparación, entrega o facturación de los pedidos.

Una estructura básica de precios de venta al público (PVP) junto con los gastos de reparto para diferentes lotes de entrega a domicilio para una tienda de abarrotes en un barrio de cualquier ciudad española sería la siguiente:

1) Productos y precios:

- Lista de productos ofrecidos por la tienda de abarrotes.

- Precio unitario de cada producto.

- Descripción de los productos para facilitar la identificación por parte de los clientes.

- Precios incluidos impuestos correspondientes.

2) Gastos de reparto:

- Tarifa base de entrega a domicilio: monto fijo por cada entrega.

- Tarifa por distancia: monto adicional por kilómetro recorrido.

- Condiciones especiales: posibles recargos por entregas urgentes o en horarios específicos.

3) Cálculo del precio final para el cliente:

- Suma de los precios de los productos seleccionados por el cliente.

- Adición de los gastos de reparto correspondientes según la ubicación del cliente y las condiciones de entrega.

- Posibles descuentos aplicables (si hay ofertas especiales o descuentos por volumen de compra).

- Cálculo del total a pagar por el cliente, incluyendo impuestos y cualquier cargo adicional.

4) Registro y control:

- Registro detallado de cada pedido realizado, incluyendo los productos solicitados, los gastos de reparto y el precio total.

- Comparación entre los precios cobrados y los precios establecidos en la estructura de PVP para garantizar la exactitud en la facturación.

- Revisión periódica de los registros para identificar posibles errores o discrepancias y tomar medidas correctivas según sea necesario.

Ejemplo de lotes de pedidos de una tienda de abarrotes con entrega a domicilio

Producto	Precio unitario (€)
Leche (1 L)	1,20 €
Pan de molde (500 g)	1,50 €
Arroz (1 kg)	2,00 €
Pasta (500 g)	1,00 €
Frutas y verduras	€/kg

Lotes de entrega a domicilio:

Lote	Productos incluidos	Precio del lote (€)
Lote básico	Leche (1 L), pan de molde (500 g),	6,70 €
	Arroz (1 kg), pasta (500 g)	
Lote familiar	Leche (2 L), pan de molde (1 kg),	13,40 €
	Arroz (2 kg), pasta (1 kg)	

Gastos de reparto:

Lote	Tarifa base (€)	Tarifa por peso del lote (€)
Lote básico	3,00 €	1,50 €
Lote familiar	3,00 €	3,00 €

Ejemplo de cálculo para el cliente:

- Para el lote básico:
  - Precio del lote: 6,70 €
  - Gastos de reparto: 3,00 € (tarifa base) + 1,50 € (por peso)
  - **Total a pagar: 11,20 €**
- Para el lote familiar:
  - Precio del lote: 13,40 €
  - Gastos de reparto: 3,00 € (tarifa base) + 3,00 € (por peso)
  - **Total a pagar: 19,40 €**

El registro de las entregas y recogidas es uno de los pilares de la gestión del reparto, y es fundamental mantener un seguimiento detallado de diversas situaciones.

Devoluciones:

- Registrar la devolución de productos en el sistema, indicando la razón de la devolución (puede ser un defecto, un error de pedido, insatisfacción del cliente, etcétera).

- Asignar un código de devolución único para facilitar su seguimiento.

- Actualizar el inventario para reflejar los productos devueltos.

- Dar de baja aquellas unidades no adecuadas para nuevos procesos de pedido o venta.

Envíos pendientes de nueva entrega:

- Identificar los envíos que no pudieron entregarse en el primer intento.

- Registrar la razón de la entrega fallida, como la ausencia del destinatario o una dirección incorrecta.

- Programar automáticamente una nueva entrega, asignando una fecha y hora específicas.

Envíos rehusados:

- Documentar cualquier situación en la que el destinatario haya rechazado la entrega.

- Registrar la razón del rechazo, como un producto dañado o una preferencia cambiada por parte del cliente y no atendida.

- Coordinar acciones adecuadas, como devolución al almacén o reprogramación de la entrega.

Cambios en la dirección de entrega:

- Actualizar la dirección de entrega en el sistema si hay cambios solicitados por el cliente antes de la entrega.

- Confirmar la modificación con el cliente y notificar al equipo de entrega.

Envíos incompletos o dañados:

- Registrar cualquier entrega que haya llegado incompleta o dañada.

- Iniciar un proceso de reclamación y reemplazo de productos según las políticas de la empresa.

- Documentar fotografías o pruebas para respaldar la reclamación.

Envíos no reclamados:

- Registrar los envíos que no han sido reclamados por el destinatario en el plazo establecido.

- Iniciar los procedimientos de devolución o disposición según las políticas de la empresa.

Seguimiento de entregas especiales:

- Registrar las entregas que requieren condiciones especiales, como entregas fuera del horario comercial o entregas a ubicaciones remotas.

- Coordinar y documentar cualquier instrucción especial proporcionada por el cliente.

Informe de incidencias:

- Generar informes periódicos que resuman todas las incidencias de entregas y recogidas.

- Analizar estos informes para identificar áreas de mejora en la cadena logística.

Un análisis ABC de incidencias frecuentes las clasifica en tres categorías:

A, B y C, siguiendo la regla de Pareto del 20-80, donde el 20 % de las causas contribuyen al 80 % de los problemas.

Incidencias A (20 %):

- Problemas críticos que representan el 80 % de las incidencias.
- Ejemplos: Interrupciones del servicio, errores graves.

Incidencias B (30 %):

- Problemas moderados que contribuyen al 15 % de las incidencias.
- Ejemplos: Errores recurrentes, problemas que afectan la eficacia.

Incidencias C (50 %):

- Problemas menores que contribuyen al 5 % de las incidencias.
- Ejemplos: Consultas comunes, cuestiones de baja prioridad.

Histograma según la ley de Pareto (20-80):

El 20 % de las incidencias críticas (A) contribuyen al 80 % de los problemas.

El 30 % de problemas moderados (B) contribuyen al 15 %.

El 50 % de problemas menores (C) contribuyen al 5 %.

Este análisis permite centrar los esfuerzos en abordar las incidencias críticas (A) para lograr una mejora sustancial en la calidad y eficiencia del servicio.

1.3. Tratamiento según la naturaleza del producto

Para gestionar eficientemente un servicio a domicilio que involucra grandes grupos de productos, se tienen en cuenta varios factores para asegurar que cada tipo de producto reciba el tratamiento adecuado.

1.3.1. Clasificación de productos

Categorizar los productos en grupos lógicos basados en sus características y requerimientos específicos. Ejemplos de categorías comunes:

- Alimentos frescos y perecederos: frutas, verduras, carnes, lácteos, etcétera.
- Productos congelados: helados, alimentos congelados.
- Productos no perecederos: enlatados, granos, productos secos.
- Productos frágiles: electrónicos, vidrios, cerámica.
- Productos voluminosos: muebles, electrodomésticos grandes.
- Productos químicos: detergentes, productos de limpieza.
- Mercancía general: el resto de productos sin características especiales.

1.3.2. Almacenamiento y manejo

Cada grupo de productos tiene requerimientos especiales de almacenamiento y manejo. Esta información la podemos consultar en diferentes fuentes:

- El fabricante y el distribuidor del producto, a través de sus canales de atención al cliente y equipo de ventas.
- El etiquetado del producto en sus envases primarios o secundarios.
- La ficha técnica del producto.

FICHA TÉCNICA	Tartesana, S.L
	Ctra. Toledo, s/n Malagón (Ciudad Real)
TARTA DE QUESO NATURAL	Tel.: 926266410 / Fax.: 926266413
	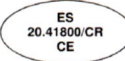 ES 20.41800/CR CE
"TARQUESSIA DE LA MANCHA"	Ed 04 23102012 pag 1/3

DEFINICIÓN

Tarta de queso elaborada al horno con productos naturales, sin conservantes
ni colorantes, con un agradable sabor a queso y un característico color tostado.

LISTA DE INGREDIENTES

IMAGEN

INGREDIENTES
Requesón pasteurizado
Huevo pasteurizado
Azúcar
Leche pasteurizada
Harina de trigo
Gelatina
Sal
Aroma de vainilla

ANÁLISIS

ANÁLISIS FÍSICO - QUÍMICO	
Extracto Seco	> 45 %
Humedad	< 55 %
Grasa / Extracto Seco	> 30 %
Proteina / Extracto Seco	> 15 %

ANÁLISIS NUTRICIONAL (en 100 gr.)	
Energía	260 Kcal (1,076 Kj)
Proteínas	7 gr.
Grasas	16,4 gr.
Saturada	9,7 gr.
Acid. Grasos trans.	< 0,1 gr.
Colesterol	61,5 mg.
Hidratos de Carbono	22 gr.
Fibra Alimentaria	10,3 gr.
Azucares totales	19,1 gr.
Sodio	0,07 gr.
Hierro	0,76 gr.
Vitamina A	424 µg.
Vitamina C	0,55 mg.
Calcio	94 mg.

ANÁLISIS MICROBIOLÓGICO	
Escherichia coli	< 10 ufc/gr.
Staphilococus aureus	< 10 ufc/gr.
Salmonella	Ausencia / 25 gr.
Listeria monocytogenes	Ausencia / 25 gr.

(ufc = training units of colonies)

FORMATOS

Forma rectangular.
Color de la superficies: amarillo tostado.

PRESENTACIÓN	DIMENSIONES
1,5 Kg. de peso aproximado	(275 x 180 x 35) mm
0.5 kg. de peso aproximado	(166 x 75 x 40) mm

FICHA TÉCNICA		Tartesana, S.L Ctra. Toledo, s/n Malagón (Ciudad Real) Tel.: 926266410 / Fax.: 926266413
TARTA DE QUESO NATURAL		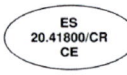 ES 20.41800/CR CE
"TARQUESSIA DE LA MANCHA"		Ed 04 23102012 pag 1/3

LOGÍSTICA

Ref. Artículo	1001501	1000501
Código de barras (EAN 13)	842019790002 0	842019790003 7
Imagen		
Capacidad del embalaje	1 blister de 1'5 Kg.	1 blister de 0'5 Kg.
Dimensiones del embalaje	325 x 235 x 50 mm	213 x 115 x 50 mm
Peso bruto	1,85 Kg. Approx.	0,55 Kg. Approx.
Peso neto	1,5 Kg. Approx.	0,5 Kg. Approx.
Altura del palet	1.540 mm	1.540 mm
Tartas por caja	4	12
Cajas por capa	9	9
Capas por palet	5	5
Dimensiones de la caja	375 x 265 x 285 mm	375 x 265 x 285 mm
Código de barras (EAN 14)	4842019790002 8	1842019790003 4
Condiciones almacenamiento	Congelada a -18ºC. Una vez descongelada mantener refrigerada como máximo 7 días y no volver a congelar.	

DIAGRAMA DE FLUJO

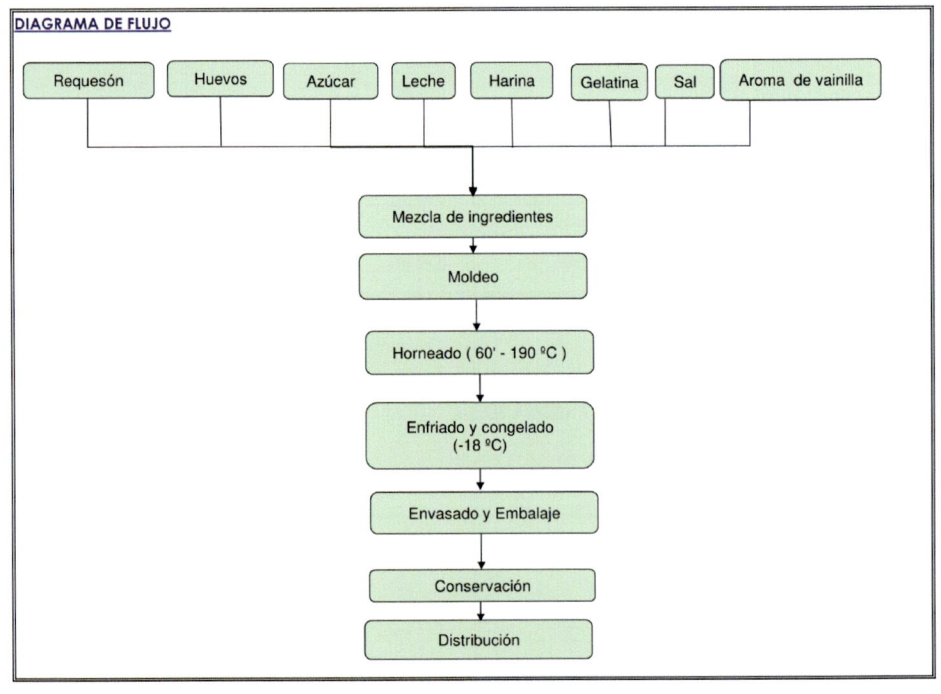

|  | **FICHA TÉCNICA**

TARTA DE QUESO NATURAL

"TARQUESSIA DE LA MANCHA" | Tartesana, S.L
Ctra. Toledo, s/n Malagón (Ciudad Real)
Tel.: 926266410 / Fax.: 926266413

Ed 04 23102012 pag 1/3 |

PROCESO DE FABRICACIÓN

- **Ingredientes:** Requesón, huevo, azúcar, leche, harina, gelatina, aroma de vainilla y sal.
- **Amasado:** Los ingredientes se mezclan y posteriormente se amasan.
- **Moldeado:** Se dosifica la masa automáticamente en moldes rectangulares.
- **Horneado:** Se calienta durante 60 minutos a 190 ° C
- **Enfriado y congelado:** a -18 °C
- **Envasado y embalaje:** Cada tarta se coloca en su envase correspondiente y a continuación en una caja de cartón.
- **Conservación:** almacenamiento en cámaras frías a -22 °C
- **Distribución:** en vehículos congeladores a -18 °C

COMPAÑÍA ELABORADORA

TARTESANA, S.L.
Carretera de Toledo, s/n
13420 – MALAGÓN (Ciudad Real)
País de origen: ESPAÑA
Nº Registro Alimentario: ES - 20.41800/CR - EU

¿Qué información está detrás de los requisitos específicos?

a) Temperatura: los alimentos frescos y congelados necesitan refrigeración adecuada durante todo el proceso.

b) Fragilidad: los productos frágiles requieren embalajes especiales y cuidado en la manipulación.

c) Tamaño y peso: los productos voluminosos y pesados pueden requerir equipo especial para su manejo y transporte.

1.3.3. Logística y transporte

Planificar la logística de manera que se optimice la entrega y se mantenga la integridad de los productos es una obligación para todo operador inmiscuido en los siguientes ámbitos:

- Rutas de entrega: diseñar rutas que minimicen el tiempo de entrega para productos perecederos.

- Vehículos adecuados: utilizar vehículos con las condiciones necesarias, como refrigeración para alimentos y protección para productos frágiles.

- Tiempos de entrega: garantizar que los productos lleguen en el momento adecuado, especialmente aquellos con restricciones de tiempo como los alimentos perecederos.

1.3.4. Capacitación del personal

El personal encargado del manejo y entrega debe estar bien capacitado.

- Conocimiento del producto: entender las necesidades específicas de cada tipo de producto.

- Procedimientos de manejo: seguir los protocolos adecuados para cada grupo de productos, desde el almacenamiento hasta la entrega final, pasando por su manipulación en cada momento.

- Servicio al cliente: capacidad para manejar preguntas y problemas que puedan surgir durante la entrega.

1.3.5. Tecnología y seguimiento

- Implementar tecnologías que faciliten la gestión y seguimiento de los productos.

- Sistemas de gestión de inventario: para controlar el *stock* y el movimiento de los productos.

- Rastreo de entregas: utilizar GPS y sistemas de rastreo en tiempo real para monitorear las entregas.

- Comunicación con el cliente: aplicaciones y plataformas que permitan a los clientes seguir el estado de su pedido y recibir actualizaciones.

1.3.6. Normativas y regulaciones

- Cumplir con todas las normativas y regulaciones aplicables.

- Sanitarias: especialmente para productos alimenticios y perecederos.

- Seguridad: para el manejo de productos químicos y otros artículos potencialmente peligrosos.

- Ambientales: para el transporte y embalaje ecológico, reduciendo el impacto ambiental.

1.3.7. Experiencia del cliente

- Asegurar una experiencia positiva para el cliente.

- Comunicación clara: mantener al cliente informado sobre el estado de su pedido.

- Flexibilidad en la entrega: ofrecer opciones de horarios y fechas de entrega.

- Resolución de problemas: tener un sistema eficiente para gestionar devoluciones, quejas y consultas.

La siguiente clasificación es amplia y general. La gestión del reparto maneja combinaciones variadas de tipos de productos en una cadena de distribución cuando se enfrenta al servicio domiciliario.

Las características predefinidas de los productos influyen en la planificación logística, el almacenamiento, el embalaje y los métodos de transporte utilizados.

 IMPORTANTE

Implementar estos aspectos en la gestión del servicio a domicilio permitirá una operación más eficiente y una mayor satisfacción del cliente, asegurando que cada tipo de producto reciba el tratamiento adecuado durante todo el proceso de entrega.

Productos perecederos:	**Productos secos y no perecederos:**	**Productos químicos y sustancias peligrosas:**
• Alimentos frescos, productos agrícolas y flores. • Productos farmacéuticos que requieren almacenamiento y transporte controlado de temperatura.	• Ropa, textiles y productos de papel. • Electrodomésticos y dispositivos electrónicos. • Muebles y productos de madera.	• Productos químicos industriales. • Materiales tóxicos o inflamables que requieren manipulación especializada y cumplimiento normativo.
Productos a granel:	**Productos frágiles o sensibles:**	**Automóviles y partes:**
• Materias primas como minerales, granos y productos químicos a granel. • Combustibles y productos petroquímicos.	• Vidrio y cerámica. • Equipos electrónicos y dispositivos delicados.	• Vehículos completos. • Componentes y piezas de repuesto.
Productos de alta tecnología:	**Productos de consumo masivo:**	**Productos farmacéuticos y de salud:**
• Dispositivos electrónicos de última generación. • Equipos de telecomunicaciones y tecnologías de la información.	• Productos de cuidado personal y limpieza. • Alimentos envasados y bebidas no alcohólicas.	• Medicamentos y suministros médicos. • Equipos médicos y dispositivos.
Maquinaria industrial:	**Productos de lujo y alta gama:**	**Productos textiles y de la moda:**
• Equipos de construcción y maquinaria pesada. • Herramientas y equipos industriales.	• Joyas, relojes y artículos de moda de alta calidad. • Artículos de decoración y muebles de lujo.	• Ropa, calzado y accesorios. • Telas y materiales textiles.

Productos voluminosos:	Productos personalizables o hechos a medida:	Envíos de *e-commerce:*
• Muebles grandes y artículos para el hogar. • Electrodomésticos voluminosos.	• Artículos personalizados según las preferencias del cliente. • Productos fabricados bajo demanda.	• Productos comprados en línea, que pueden abarcar diversas categorías. • Logística inversa para devoluciones de productos comprados en línea.

 ACTIVIDAD DE AULA

Analizar una categoría de productos:

A. Objetivo:

1) Profundizar en la naturaleza y necesidades de tratamiento de una categoría de productos específica.

2) Desarrollar habilidades de investigación, análisis y síntesis de información.

3) Comprender la cadena de suministro y los procesos de gestión de productos.

B. Procedimiento:

1) Selección de una categoría de productos: elegir una categoría de interés, como alimentos, electrónica o ropa.

2) Investigación sobre la naturaleza del producto: estudiar las materias primas, características, usos e impacto ambiental y social del producto.

3) Análisis de las necesidades de tratamiento: evaluar las necesidades de empaquetado, almacenamiento, transporte, manipulación, control de calidad y gestión de residuos.

4) Preguntas para guiar la investigación: formular preguntas sobre proveedores, procesos de fabricación, regulaciones, desafíos y oportunidades en la cadena de suministro, y medidas para minimizar el impacto ambiental.

5) Presentación de los resultados: presentar los hallazgos de forma clara y organizada (informe escrito, presentación oral, póster, etcétera).

1.4. Productos perecederos que necesitan refrigeración, congelación: alimentos, medicamentos y limpieza, entre otros

Los productos perecederos que necesitan refrigeración o congelación son aquellos que requieren condiciones específicas de temperatura para mantener su calidad y seguridad alimentaria durante su transporte y almacenamiento.

Alimentos frescos:

- Frutas y verduras, frescas y procesadas.
- Productos lácteos como leche, queso y yogur.
- Carnes frescas y productos cárnicos.

Productos del mar:

- Pescados y mariscos frescos.

Productos de panadería y pastelería frescos:

- Pan fresco, pasteles y productos de panadería.

Productos congelados:

- Alimentos preparados y comidas congeladas.
- Vegetales congelados.
- Helados y postres congelados.

Medicamentos y productos farmacéuticos:

- Vacunas y medicamentos que requieren almacenamiento a temperaturas controladas.
- Productos biológicos y terapias genéticas.

Productos de limpieza y químicos sensibles:

- Productos químicos que pueden descomponerse o perder eficacia a temperaturas elevadas.
- Productos de limpieza líquidos y detergentes sensibles a la congelación.

Productos cosméticos y de cuidado personal:

- Productos que contienen ingredientes sensibles a la temperatura.
- Productos que deben mantenerse en condiciones óptimas para su aplicación.

Flores y plantas vivas:

- Flores frescas y plantas que requieren condiciones de temperatura controladas para mantener su frescura y apariencia.

Alimentos refrigerados:

- Huevos y productos a base de huevo.

- Salsas y aderezos refrigerados.

- Alimentos preparados que no son congelados pero que requieren refrigeración, con ingredientes sensibles a la exposición térmica.

Alimentos orgánicos y naturales:

- Productos orgánicos y naturales que pueden tener una vida útil más corta y requerir condiciones de almacenamiento específicas.

Productos de panadería refrigerados:

- Masas frescas, productos de panadería refrigerados y pastelería que deben mantenerse frescos.

Alimentos para consumir:

- Comidas preparadas que necesitan refrigeración antes de su consumo.

Normativa de seguridad alimentaria sobre productos perecederos en España

La normativa que regula la seguridad alimentaria de los productos perecederos en España es compleja y abarca diversos aspectos, desde la producción primaria hasta la venta al consumidor final.

Producción primaria:

- Buenas prácticas agrícolas (BPA): los productores deben implementar BPA para garantizar la seguridad y calidad de los productos desde el campo: medidas para controlar el uso de plaguicidas, fertilizantes y otros insumos agrícolas, así como para prevenir la contaminación por microorganismos y otros agentes patógenos.

- Buenas prácticas ganaderas (BPG): los ganaderos deben seguir BPG para garantizar la salud y el bienestar de los animales, así como la seguridad de los productos de origen animal: medidas para el manejo de animales, la higiene de las instalaciones, el control de enfermedades y la seguridad alimentaria de los productos cárnicos, lácteos y huevos.

Transporte y almacenamiento:

- Cadena de frío: los productos perecederos deben mantenerse a temperaturas controladas durante todo el proceso de transporte y almacenamiento para evitar su descomposición o proliferación de microorganismos. La normativa establece requisitos específicos de temperatura para cada tipo de producto.

- Vehículos y equipos de transporte: los vehículos y equipos utilizados para el transporte de productos perecederos deben estar diseñados, construidos y mantenidos adecuadamente para garantizar la seguridad y la calidad de los productos.

- Almacenamiento: los almacenes de productos perecederos deben cumplir con requisitos específicos de higiene, temperatura y control de plagas.

Manipulación y venta:

- Manipulación higiénica: los manipuladores de alimentos deben recibir formación adecuada sobre manipulación higiénica y buenas prácticas para prevenir la contaminación de los productos perecederos.

- Etiquetado: los productos perecederos deben estar etiquetados correctamente con información sobre su origen, fecha de caducidad o de consumo preferente, condiciones de almacenamiento y otras indicaciones relevantes.

- Trazabilidad: los operadores de la cadena alimentaria deben mantener un sistema de trazabilidad que permita identificar y rastrear el origen y la distribución de los productos perecederos en caso de un incidente de seguridad alimentaria.

Normativa de referencia sobre seguridad alimentaria:

Ley 14/2003, de 13 de junio, de calidad agroalimentaria.

Normativa ATP

Ginebra, 1970, actualizado a 23 de septiembre de 2013.

Establece estándares para el transporte de mercancías perecederas, garantizando condiciones óptimas de temperatura durante el proceso logístico.

Los vehículos de transporte refrigerado y las instalaciones de almacenamiento deben cumplir con las especificaciones técnicas y de seguridad establecidas por el ATP para asegurar la integridad de los productos, aportando la temperatura regulada en cada caso.

SABER MÁS

En la logística de distribución, los productos perecederos que requieren temperatura controlada, deben cumplir con la normativa internacional ATP (Acuerdo sobre transporte internacional de mercancías perecederas y de los equipos especiales para su transporte).

Acuerdo sobre transportes internacionales de mercancías perecederas y sobre vehículos especiales utilizados en esos transportes.

ISOTERMO	REFRIGERADO	FRIGORÍFICO	CALORÍFICO

Unidad normal	Clase A +7 ºC	Clase A (+12 ºC / 0 ºC)	Clase A −10 ºC
Unidad reforzada	Clase B −10 ºC	Clase B (+12 ºC / −10 ºC)	Clase B −20 ºC
	Clase C −20 ºC	Clase C (+12 ºC / −20 ºC)	Clase C −30 ºC
	Clase D 0 ºC	Clase D (=< 0 ºC)	Clase D −40 ºC
		Clase E (=< −10 ºC)	
		Clase F (< −20 ºC)	

Certificado de aprobación de los vehículos ATP

Es un documento obligatorio para los vehículos que transportan alimentos perecederos.

Certifica que el vehículo cumple con los estándares establecidos por el Acuerdo sobre transporte internacional de alimentos perecederos (ATP), sus condiciones técnicas y disposiciones para el transporte de alimentos perecederos entre países firmantes.

SABER MÁS

En la normativa ATP figura una tabla de temperaturas controladas por tipo de productos que toda la cadena de distribución tiene que considerar desde que los productos salen de fábrica hasta que llegan al lugar de consumo de los clientes. ¡Consúltala!

1.5. Productos no perecederos o duraderos (no necesitan refrigeración: textil, joyería, libros y muebles, entre otros)

Los productos no perecederos o duraderos son aquellos que tienen una vida útil prolongada y pueden ser utilizados en múltiples ocasiones antes de desgastarse o deteriorarse. A diferencia de los productos perecederos, que se consumen rápidamente y requieren refrigeración o condiciones especiales de almacenamiento, los productos no perecederos son generalmente estables y pueden conservarse a temperatura ambiente durante largos periodos de tiempo sin perder su calidad o funcionalidad.

Características de los productos no perecederos:

- Durabilidad: soportan el uso y desgaste durante un periodo de tiempo significativo.

- Vida útil prolongada: se conservan durante meses o incluso años sin perder sus propiedades.

- Resistencia al deterioro: no son susceptibles a pudrirse, echarse a perder o degradarse con facilidad.

- Almacenamiento sencillo: no requieren condiciones especiales de almacenamiento, como refrigeración o congelación, y pueden agruparse y apilarse con garantías.

- Uso múltiple: son utilizados en repetidas ocasiones antes de necesitar ser reemplazados.

Ejemplos de productos no perecederos:

- Alimentos: granos, legumbres, conservas, frutos secos, encurtidos, aceites, miel, etcétera.

- Bebidas: vino, licores, agua embotellada, café, té, etcétera.

- Productos de limpieza: detergentes, jabones, desinfectantes, etcétera.

- Artículos de higiene personal: champú, pasta de dientes, desodorante, etcétera.

- Electrodomésticos: refrigeradores, lavadoras, televisores, etcétera.

- Electrónicos: ordenador, tableta, móviles, monitores, etcétera.

- Muebles: camas, mesas, sillas, sofás, etcétera.

- Herramientas: martillos, destornilladores, taladros, etcétera.

- Juguetes: muñecas, bloques de construcción, juegos de mesa, etcétera.

- Editorial: libros, libros de texto, manuales, revistas, etcétera.

- Ropa: prendas de vestir, zapatos, bolsos, etcétera.

Los productos no perecederos son una categoría amplia que abarca una gran variedad de artículos, desde alimentos básicos hasta electrodomésticos complejos. Su durabilidad y resistencia al deterioro los convierten en una opción atractiva para los consumidores que buscan productos que puedan durar mucho tiempo. Además, su fácil almacenamiento y uso múltiple los hacen convenientes para tener en casa o en la oficina.

En el ámbito comercial, la distinción entre productos perecederos y no perecederos es importante para la gestión de inventarios, la fijación de precios y las estrategias de *marketing*. Las empresas que venden productos no perecederos generalmente tienen más flexibilidad en cuanto a sus operaciones y pueden beneficiarse de economías de escala y menores costes de almacenamiento.

Las orientaciones principales para este tipo de productos son las siguientes:

Almacenamiento adecuado	Temperatura y humedad
- Almacena los productos en un entorno seco y limpio, evitando la exposición a la humedad. - Utiliza estanterías o paletas para mantener los productos elevados del suelo y prevenir daños por agua.	- Asegúrate de que los productos se almacenen a temperaturas y niveles de humedad adecuados según las especificaciones del fabricante. - Evita exponer los productos a condiciones extremas de calor o frío, ya que esto puede afectar su calidad.

Rotación de inventarios	Manejo cuidadoso
• Practica la rotación de inventarios para garantizar que los productos más antiguos se utilicen o vendan primero. • Etiqueta los productos con fechas de vencimiento o fabricación para facilitar un seguimiento efectivo.	• Manipula los productos con cuidado para evitar daños físicos, planificando el aseguramiento de sus sujeciones y amarres. • Utiliza equipos de manipulación adecuados, como carretillas elevadoras, para productos pesados o voluminosos.

Embalaje de calidad	Control de plagas
• Utiliza embalajes resistentes y confiables que protejan los productos durante el transporte y almacenamiento, y se adapten a sus características físicas, morfología y puntos críticos y de riesgos de daños. • Etiqueta claramente los embalajes con información relevante, como códigos de barras, descripciones y precauciones de manipulación.	• Implementa medidas para prevenir la infestación de plagas, como el sellado adecuado de contenedores y la limpieza regular de las áreas de almacenamiento.

1.6. Productos frágiles

La siguiente clasificación está creada por familias de productos, cuya característica principal durante su distribución es la fragilidad total o parcial a golpes, vibraciones y presiones de sujeción de la carga o apilamiento.

El etiquetado FRÁGIL comunica claramente la naturaleza inconsistente del producto, dando información simbólica a empresa, personal y clientes:

Protección del producto:

• Reduce daños por golpes, caídas o aplastamiento.

• Previene pérdidas por apilamiento o manipulación inadecuada.

Flujo operativo:

• Agiliza la identificación de envíos frágiles.

• Optimiza el flujo de trabajo y la entrega.

• Reduce costes por reenvíos, reparaciones o indemnizaciones.

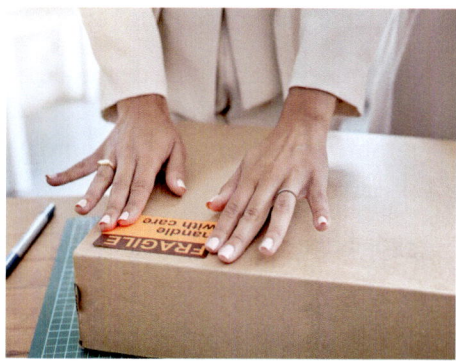

Satisfacción del cliente:

- Genera confianza en la empresa y su profesionalidad.

- Reduce reclamaciones y mejora la experiencia de compra.

- Contribuye a la fidelización de clientes.

Cinco orientaciones básicas para el manejo de productos frágiles en el servicio *delivery* y entrega de paquetería:

1. Embalaje adecuado

Materiales de protección: utilizar materiales de embalaje adecuados, como cartón resistente, plástico de burbujas, espuma de poliestireno o papel arrugado, para proteger el producto de golpes, vibraciones y cambios bruscos de temperatura.

Relleno completo: completar el espacio interior del paquete para evitar que el producto se mueva durante el transporte.

Etiquetado claro: etiquetar claramente el paquete como FRÁGIL en varias caras para que el personal de manejo lo manipule con cuidado.

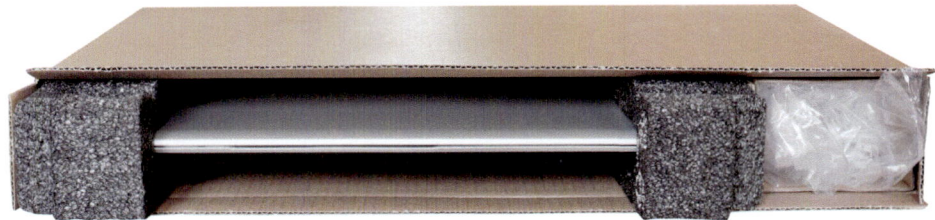

Todo el material de acondicionamiento interior está clasificado en la categoría de embalaje secundario: papel burbuja, separadores, moldes, espumas, bolsas de aire, etcétera.

2. Selección del método de reparto adecuado

- Experiencia en manejo de frágiles: elegir personal con experiencia en el manejo de productos frágiles y que cuente con el equipamiento adecuado para garantizar un transporte seguro y procedimientos operativos específicos.

- Comunicación clara: con el transportista sobre las características y la fragilidad del producto para que tomen las medidas de precaución necesarias.

- Seguimiento del envío: rastrear el envío para estar al tanto de su ubicación y tomar las medidas oportunas en caso de cualquier incidencia.

3. Manipulación cuidadosa

- Carga y descarga cuidadosa: cargar y descargar el paquete con cuidado, evitando golpes, caídas o movimientos bruscos.

- Almacenamiento adecuado: almacenar el paquete en un lugar seco, fresco y protegido de la luz solar directa y de cambios bruscos de temperatura.

- Manejo personalizado: manipular el paquete con cuidado, evitando presionarlo o deformarlo, especialmente en zonas frágiles.

4. Comunicación con el cliente

- Información clara: informar al cliente sobre las medidas de protección tomadas para garantizar la integridad del producto durante el transporte.

- Notificación de entrega: avisar al cliente en el momento de la entrega para que pueda recibir el paquete personalmente y verificar su estado.

- Atención de incidencias: responder de manera rápida y eficiente a cualquier incidencia que pueda surgir durante el transporte o la entrega del producto.

Electrónicos:	Cristalería y utensilios delicados:
- Dispositivos móviles. - Computadoras y portátiles. - Televisores y monitores. Vidrio y cerámica: - Botellas de vidrio. - Vajillas y utensilios de cerámica. - Espejos y productos de vidrio decorativos.	- Copas y vasos de cristal. - Utensilios de cocina de vidrio. Ropa de alta costura: - Vestidos de noche y trajes elegantes. - Accesorios de moda delicados. Artículos deportivos sensibles: - Equipos de golf. - Artículos de pesca especializados.

Iluminación:

- Bombillas y lámparas.
- Luminarias y accesorios de iluminación.

Joyería:

- Anillos, collares y pulseras.
- Relojes de alta gama.

Artículos de decoración:

- Figuras de porcelana.
- Cuadros y marcos de fotos.

Instrumentos musicales:

- Guitarras y violines.
- Equipos electrónicos musicales.

Equipo fotográfico:

- Cámaras y lentes.
- Accesorios fotográficos sensibles.

Componentes de computadoras:

- Tarjetas gráficas.
- Memorias RAM y discos duros.

Artículos de colección:

- Figuras de acción y juguetes coleccionables.
- Sellos y monedas antiguas.
- Antigüedades.

Equipamiento médico sensible:

- Instrumentos médicos delicados.
- Dispositivos de diagnóstico.
- Sensores.

Material de oficina de alta gama:

- Plumas y bolígrafos de lujo.
- Equipos de oficina de diseño.

Productos de belleza frágiles:

- Botellas de perfumes.
- Maquillaje y paletas cosméticas.

1.7. Mercancías peligrosas

La manipulación de mercancías peligrosas y productos químicos requiere precauciones especiales debido a los riesgos asociados con su naturaleza.

Formación	Marco legal	Operativa
Asegurarse de que el personal involucrado en la manipulación tenga un conocimiento adecuado de los riesgos asociados con las mercancías peligrosas. Proporcionar formación específica sobre los procedimientos de manipulación segura.	Acuerdo ADR Reglamento CLP Prevención de riesgos laborales Plan de emergencia Sistema de comunicación en caso de accidentes o incidentes Eliminación y desecho de residuos químicos y peligrosos	Equipos de protección individual (EPI) Revisión de la documentación y del etiquetado Evitar derrames, fugas y daños en los embalajes Prevenir el almacenamiento incompatible con otras mercancías Instalaciones ventiladas

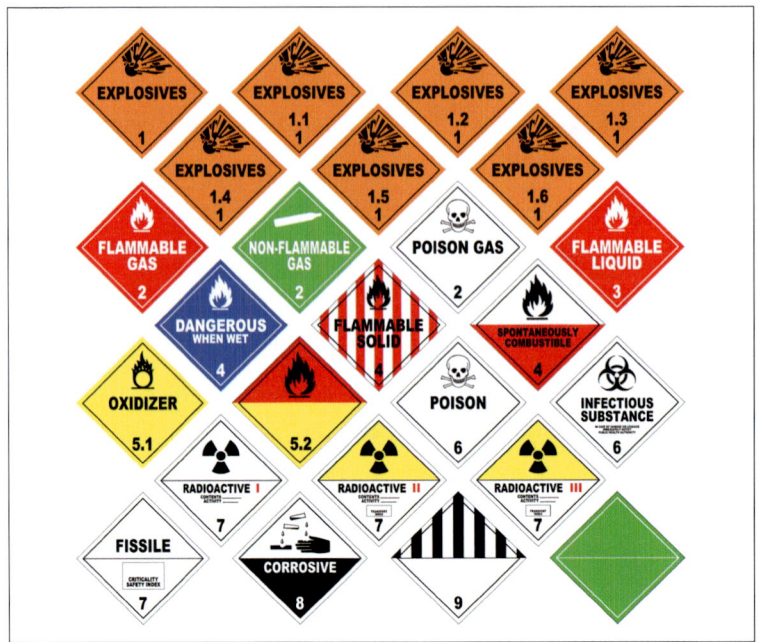

Clases de mercancías peligrosas ADR con sus pictogramas de identificación.

La manipulación de productos peligrosos y mercancías peligrosas conlleva una serie de riesgos inherentes que pueden afectar tanto a la salud y seguridad de los trabajadores como al medio ambiente. Es fundamental conocer e implementar medidas preventivas para minimizar estos riesgos y garantizar un manejo seguro de estas sustancias.

1.7.1. Tipos de riesgos

Riesgos para la salud: la exposición a productos peligrosos puede causar diversos problemas de salud, desde irritación leve hasta enfermedades graves e incluso la muerte. Los riesgos específicos dependen de la naturaleza del producto y la forma de exposición. Algunos ejemplos incluyen:

- Envenenamiento: ingestión, inhalación o contacto dérmico con sustancias tóxicas.

- Quemaduras: contacto con productos corrosivos o inflamables.

- Asfixia: inhalación de gases tóxicos o vapores.

- Enfermedades respiratorias: exposición a polvos o humos nocivos.

- Cáncer: exposición a sustancias cancerígenas.

Riesgos para la seguridad: la manipulación inadecuada de productos peligrosos puede provocar accidentes graves, como:

- Incendios y explosiones: sustancias inflamables o explosivas pueden incendiarse o detonar fácilmente.

- Fugas y derrames: fugas de sustancias tóxicas o corrosivas pueden contaminar el aire, el suelo y el agua.

- Reacciones químicas peligrosas: la mezcla de ciertas sustancias puede generar reacciones peligrosas, como liberación de gases tóxicos o calor intenso.

Riesgos para el medio ambiente: los accidentes o la manipulación inadecuada de productos peligrosos pueden dañar gravemente el medio ambiente, contaminando el aire, el suelo y el agua, y afectando a la flora y fauna.

1.7.2. Medidas preventivas

Para minimizar los riesgos asociados a la manipulación de productos peligrosos, es fundamental implementar medidas preventivas que incluyan:

1) Capacitación y formación: los trabajadores que manipulan productos peligrosos deben recibir capacitación adecuada sobre los riesgos asociados a cada sustancia, las medidas de seguridad necesarias y los procedimientos de emergencia.

2) Equipamiento de protección personal (EPP): los trabajadores deben utilizar el EPP adecuado, como guantes, gafas de seguridad, mascarillas respiratorias y trajes protectores, según el tipo de producto peligroso y la actividad que se realiza.

3) Almacenamiento seguro: los productos peligrosos deben almacenarse en lugares seguros, ventilados y con acceso restringido, siguiendo las normas de seguridad establecidas.

4) Manejo adecuado: se deben seguir procedimientos estrictos para la manipulación de productos peligrosos, incluyendo el uso de equipos adecuados, la prevención de derrames y fugas, y la limpieza y descontaminación de áreas de trabajo.

5) Planes de emergencia: es importante contar con planes de emergencia para responder a posibles accidentes, como incendios, fugas o derrames de productos peligrosos.

Definición y tipos de mercancías peligrosas

Conoce qué es una mercancía peligrosa, los distintos tipos que existen y su clasificación.

https://www.dgt.es/nuestros-servicios/permisos-de-conducir/conducir-mercancias-peligrosas/definicion-y-tipos-de-mercancias-peligrosas/

CLP: clasificación, etiquetado y envasado de sustancias y mezclas químicas

Pictogramas CLP: https://echa.europa.eu/es/regulations/clp/clp-pictograms

1.8. Dimensionales (gran tamaño)

Los bienes y productos de gran tamaño poseen un volumen importante que genera una serie de complicaciones durante su manipulación y transporte.

Las características de la mercancía de gran tamaño son las siguientes:

- Conforman una única unidad de carga.

- Es mercancía indivisible, no se puede fraccionar.

- Requieren embalajes, manipulaciones y medios de transporte especiales.

- Un solo operario no podría manejarlo con seguridad y garantías.

- Hay que darles total prioridad durante la fase de distribución.

- La relación coste-precio-valor de los productos de gran tamaño es alto, tanto para el fabricante como para el consumidor.

- Ocupan mucho espacio durante su almacenamiento y transporte.

- Aumentan los riesgos de seguridad, ya sea la integridad del bien como la integridad del personal operario que los manipula.

- Precisan de un **transporte dedicado**: aquel que se planifica y programa con rutas, vehículos y personal exclusivo para cargas especiales.

- Pueden estar sujetos a tareas suplementarias de montaje o instalación.

Una clasificación por grupos de productos de gran tamaño durante la entrega final sería la siguiente:

Tapicería	Mobiliario de montaje	Descanso
Sofás, sillones, sillas, butacas...	Hogar, cocina, sanitarios, oficina, jardín...	Colchones, somieres, canapés...
Electrodomésticos		
Gama blanca Frigoríficos, lavadoras, secadoras, lavavajillas, microondas, campanas de extracción, hornos...	Gama marrón Televisiones, monitores, equipos de música, altavoces...	
Deporte-*fitness*	**Ferretería-bricolaje**	
Bicicleta, palos de golf, tabla de surf, equipamiento deportivo... Cintas para correr, bicicletas estáticas, aparatos de musculación...	Equipamiento de taller, compresores, generadores, motobombas...	

La entrega con montaje o instalación en la ubicación final del producto es un servicio que el cliente final debe contratar expresamente, haciéndose cargo del coste estimado por el vendedor o por el operador responsable de la entrega. El coste de montaje e instalación debe estar diferenciado del coste de transporte.

La confección del presupuesto de un servicio de montaje o instalación asociado a la entrega final sigue el siguiente curso de recopilación de datos:

1	Servicio que se necesita: • Montaje. • Desmontaje y montaje. • Desmontaje, transporte y montaje. • Desmontaje.
2	Cuántos productos: 1, 2, 3, 4, 5, más de 5.
3	Tipo de producto: mueble, electrodoméstico, estantería, etcétera.
4	Ubicación del producto: habitación, cocina, baño, jardín, oficina, local comercial, etcétera.
5	Fase de la compra del producto: • Lo tengo en casa. • Me tiene que llegar. • Pendiente de compra.
6	Instrucciones de montaje o información sobre la marca y modelo.
7	¿Cuándo se necesita el servicio? • Urgente: 24/48 horas. • En los próximos días. • Más de 15 días. • Soy flexible.
8	Horario de preferencia para realizar el servicio: • Todo el día. • Mañana (08:00 - 12:00) • Mediodía (12:00 - 15:00) • Tarde (15:00 - 18:00) • Media tarde (18:00 - 21:00) • Noche (21:00 - 00:00) • Madrugada (00:00 - 08:00)
9	Domicilio, ciudad y código postal (suplementos por distancia/kilometraje)

RANGO DE PRECIOS: 25 € - 45 €/hora

20 €   25 €   45 €   50 €

1.9. Otros productos

Además de los productos estándar, existen algunas categorías concretas que requieren consideraciones particulares, abarcando una amplia variedad de productos y situaciones específicas.

Para algunos productos, el servicio requiere de un tratamiento superior de confidencialidad, privacidad o exclusividad, normalmente por el tipo de destinatario y por ciertas características de especial sensibilidad.

1) Documentación para firmar:

Servicios de mensajería que proporcionan documentos importantes que requieren firmas e identificaciones precisas, como contratos legales, documentos notariales o paquetes que necesitan confirmación de recepción.

2) Productos que se alquilan y se retornan:

Artículos que se alquilan por un periodo específico y luego se recogen, como equipos electrónicos, herramientas o productos de alquiler temporal.

3) Productos exclusivos o de alta gama:

Artículos de lujo, antigüedades o productos de alta gama que requieren un manejo especializado y una entrega personalizada para garantizar su integridad y satisfacción del cliente.

4) Muestras o pruebas de productos:

Entrega de muestras de productos a domicilio para que los clientes las prueben antes de realizar una compra completa o definitiva.

Los pedidos o envíos de especial tratamiento requieren de una
clasificación y colocación dedicada y controlada.

1.10. Consideraciones sobre el resultado de la entrega y/o recogida atendiendo a posibles incidencias en el proceso

Medir y evaluar el comportamiento y cumplimiento en las entregas y recogidas, junto con el análisis de incidencias, proporciona una base sólida para la toma de decisiones estratégicas.

No solo mejora la eficiencia operativa, sino que fortalece la relación con los clientes al potenciar y garantizar experiencias positivas y confiables en cada secuencia del servicio.

Primero, la medición constante del rendimiento logístico permite una visión holística del histórico de cumplimientos y no cumplimientos.

- Evaluar la puntualidad, precisión y calidad de las entregas y recogidas proporciona información valiosa sobre la eficacia de los procesos, permitiendo a las empresas tomar decisiones informadas para optimizar sus operaciones.

Además, la evaluación de incidencias es fundamental para **abordar y prevenir problemas recurrentes**. Identificar el tipo de incidencias más frecuente permite implementar soluciones específicas y proactivas. Mejora la experiencia del cliente al evitar futuros contratiempos, además de que contribuye a la eficiencia operativa y ahorra costes asociados con devoluciones o retrasos.

Las mediciones y evaluaciones también ofrecen la oportunidad de ajustar estrategias y procesos según las demandas cambiantes del mercado y las expectativas del cliente.

Al comprender las causas subyacentes de las incidencias, las empresas pueden implementar mejoras continuas y fortalecer su posición competitiva.

Relación de incidencias frecuentes en el servicio domiciliario de envíos y pedidos:

1) Retrasos en la entrega.

2) Daños en el paquete.

3) Paquete extraviado.

4) Entrega en dirección incorrecta.

5) Falta de información o documentación.

6) Paquete dejado sin firma en ausencia del destinatario.

7) Entrega a una persona autorizada.

8) Desconocido.

9) Intento de entrega fallido sin notificación.

10) Intento de entrega fallido con notificación.

11) No abona servicio o reembolso.

12) Producto incorrecto entregado.

13) Manipulación incorrecta del paquete.

Primeros pasos para gestionar las incidencias más frecuentes durante el servicio de entrega o recogida domiciliaria:

1) Retrasos en la entrega:

Comunicar inmediatamente al cliente sobre el retraso y proporcionar una nueva fecha estimada de entrega.

2) Daños en el paquete:

Registrar los daños con fotografías y documentación detallada. Contactar al cliente para informarle y coordinar la reposición o compensación.

3) Paquete extraviado:

Iniciar una investigación interna para localizar el paquete. Informar al cliente del progreso y proporcionar una solución, como un reenvío o reembolso.

4) Entrega en dirección incorrecta:

Recuperar el paquete de la dirección incorrecta y reprogramar la entrega a la dirección correcta. Informar al cliente de la incidencia y la solución.

5) Falta de información o documentación:

Contactar al cliente para obtener la información o documentación faltante y asegurar que el envío cumpla con todos los requisitos.

6) Paquete dejado sin firma en ausencia del destinatario:

Informar al cliente de la entrega y proporcionar detalles sobre dónde se dejó el paquete. Revisar políticas de entrega para prevenir futuros incidentes.

7) Entrega a una persona no autorizada:

Confirmar la identidad de la persona que recibió el paquete. Si no está autorizado, coordinar la recuperación del paquete y su entrega al destinatario correcto.

8) Desconocido:

Registrar el incidente, investigar internamente y mantener al cliente informado sobre las acciones tomadas para resolverlo.

9) Intento de entrega fallido sin notificación:

Notificar inmediatamente al cliente sobre el intento fallido y reprogramar la entrega. Revisar los procedimientos de notificación para asegurar el cumplimiento en el futuro.

10) Intento de entrega fallido con notificación:

Reprogramar la entrega con el cliente asegurando que haya alguien disponible para recibir el paquete en la próxima fecha acordada.

11) No abona servicio o reembolso:

Verificar el problema de pago o reembolso y resolverlo de inmediato, informando al cliente sobre la resolución y los siguientes pasos.

12) Producto incorrecto entregado:

Coordinar la recogida del producto incorrecto y la entrega del producto correcto. Informar al cliente sobre el proceso y el tiempo estimado de resolución.

13) Manipulación incorrecta del paquete:

Revisar las políticas y procedimientos de manipulación con el personal, asegurando que se sigan las prácticas adecuadas para prevenir daños. Informar al cliente y coordinar la compensación si es necesario.

 ACTIVIDAD DE AULA

Imagina que estás trabajando en una galería de arte que se especializa en artesanías únicas y originales. Bimensualmente expone sobre una temática diferente.

La galería ha decidido ofrecer un nuevo servicio donde se recogen las artesanías directamente en los domicilios de los artesanos oriundos para exhibirlas y venderlas en la galería. Se subcontratará a una empresa de mensajería local.

Como parte de tu formación interna, te han pedido que identifiques posibles incidencias que podrían surgir durante la recogida de estos productos artesanales.

Propón y discute al menos cinco posibles problemas que podrían ocurrir durante este proceso con una solución estandarizada para responder rápidamente.

Para más datos, la empresa de mensajería a la vez que recoge la producción artesanal, entrega la documentación relativa al contrato y al pago del producto al artesano.

1.11. Gestiones relacionadas con los productos no entregados o con incidencias

La gestión proactiva de envíos retenidos no solo contribuye a la resolución rápida de problemas, sino que también fortalece la confianza del cliente y la reputación de la empresa en el mercado.

La transparencia y la eficiencia en la gestión de incidencias son fundamentales para mantener la calidad del servicio en la entrega y recogida a domicilio.

Los **envíos retenidos debido a incidencias** representan un desafío significativo en la industria de entrega y recogida a domicilio. Estas incidencias varían desde problemas logísticos hasta cuestiones relacionadas con la seguridad y la conformidad con las regulaciones. La retención de envíos genera inconvenientes tanto para los proveedores de servicios como para los clientes, impactando la eficiencia operativa y la satisfacción del cliente.

En muchos casos, las incidencias que provocan la retención de envíos incluyen retrasos imprevistos, direcciones incorrectas, daños en la mercancía, o la necesidad de una verificación adicional de seguridad. Estas situaciones pueden surgir debido a factores externos como condiciones climáticas adversas, problemas de tráfico o discrepancias en la información proporcionada.

La gestión efectiva de envíos retenidos implica la implementación de procesos y protocolos robustos para abordar y resolver rápidamente las incidencias.

Ubicación	Actualización del seguimiento	Cierre de la incidencia con la solución
Se localiza la mercancía en una ubicación claramente diferencia de otro tipo productos.	La incidencia abierta debe ser actualizada con todas aquellas gestiones e informaciones generadas para darle una solución definitiva.	NO ENTREGA DEFINITIVA AL CLIENTE Tres posibles SOLUCIONES DE CIERRE a un envío retenido en incidencia: • DEVOLUCIÓN A ORIGEN • REEXPEDICIÓN • DESTRUCCIÓN

La gestión de incidencias en un servicio de reparto domiciliario lleva el siguiente flujo de trabajo:

1) Recepción de la incidencia: la incidencia es reportada por el personal de reparto o por el cliente, ya sea a través de una llamada telefónica, correo electrónico o mediante una plataforma digital.

2) Registro de la incidencia: el personal encargado registra los detalles de la incidencia en un sistema de gestión de incidencias: número de pedido/albarán/envío, fecha de la incidencia, fecha de creación, descripción del problema, la ubicación del cliente, y cualquier otra información relevante en observaciones que encarrilen la solución y cierre de la misma.

3) Asignación de prioridad: se asigna una prioridad a la incidencia en función de su gravedad y su impacto en el servicio de reparto. Por ejemplo, una entrega retrasada puede tener una prioridad más alta que un error en la factura.

4) Asignación de recursos: se asigna a un empleado o equipo para resolver la incidencia. Podríamos estar hablando de por ejemplo enviar de nuevo a un repartidor para realizar una entrega adicional o asignar a un miembro del equipo de atención al cliente para resolver un problema relacionando otras gestiones de los pedidos o los envíos.

5) Resolución de la incidencia: el empleado asignado trabaja para resolver la incidencia lo más rápido posible. Esto puede implicar comunicarse con el cliente para resolver el problema o tomar medidas internas para corregir el error.

6) Seguimiento y actualización: se realiza un seguimiento de la incidencia para asegurarse de que se resuelva de manera efectiva. Se actualiza el estado de la incidencia en el sistema de gestión de incidencias para reflejar cualquier progreso o cambio en el estado.

7) Cierre de la incidencia: una vez que la incidencia se resuelve completamente y se confirma que el cliente está satisfecho, se cierra oficialmente en el sistema de gestión de incidencias. Se puede solicitar retroalimentación al cliente para mejorar el servicio en el futuro.

 IMPORTANTE

En la gestión de incidencias, es crucial registrar la fecha de la incidencia, la fecha de generación, las fechas de las acciones tomadas hasta la resolución y la fecha de cierre. Estas fechas permiten un seguimiento preciso, asegurando una resolución efectiva y un historial claro de la gestión del problema. Por este mismo motivo, el personal que interviene tiene que quedar correctamente identificado en todo el proceso hasta la solución.

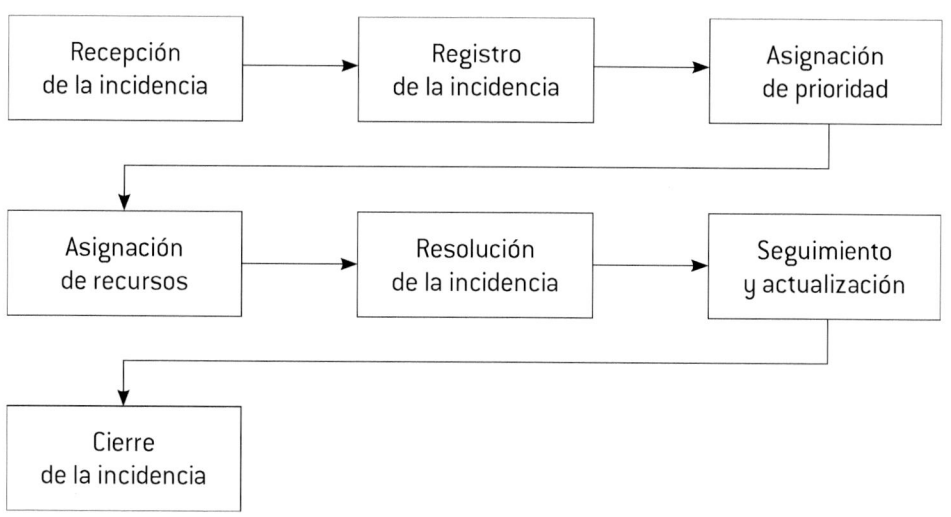

Flujograma básico de la gestión de incidencias en los servicios de entrega domiciliaria.

Ejemplo de **tabla de frecuencias de incidencias** del mes de abril de 2027

Tipo de incidencia	Frecuencia
Destinatario ausente	6
Rotura del embalaje	4
Producto no entregado	3
Producto extraviado	2
Error en la dirección	2
Producto dañado internamente	1

Resumen

Incidencias totales: 18

- Destinatario ausente: 6 casos (33,3 %)

- Rotura del embalaje: 4 casos (22,2 %)

- Producto no entregado: 3 casos (16,7 %)

- Producto extraviado: 2 casos (11,1 %)

- Error en la dirección: 2 casos (11,1 %)

- Producto dañado internamente: 1 caso (5,6 %)

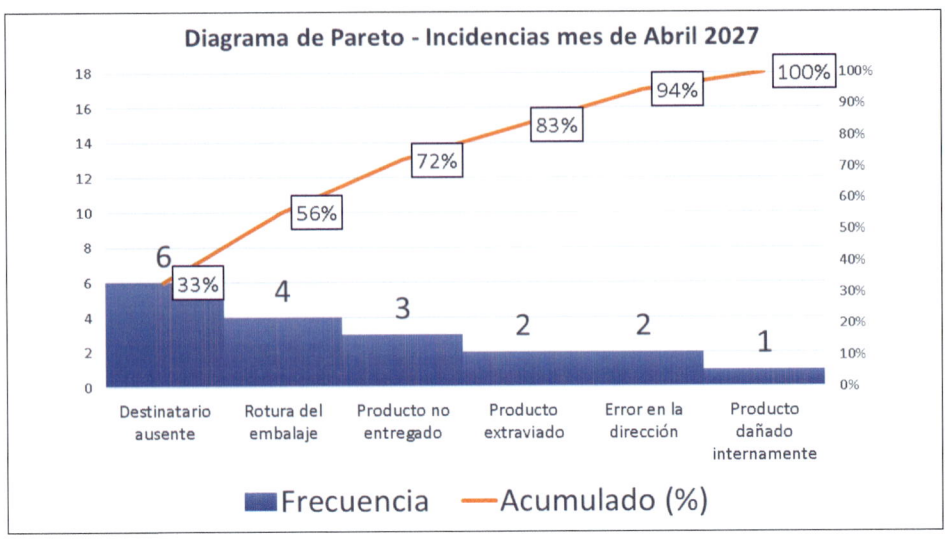

¿Qué ocurre cuando la solución de una incidencia es la no entrega definitiva al cliente en su domicilio?

Existen varias posibles soluciones de cierre en el sector de las entregas y recogidas a domicilio:

1) Devolución a origen:

   En casos donde el envío no puede ser entregado al destinatario debido a razones como una dirección incorrecta o la negativa del destinatario a recibir el paquete, una solución de cierre puede ser la devolución del paquete al remitente. Por ejemplo, si un cliente proporciona una dirección incorrecta y el pedido no puede ser entregado, el remitente puede optar por que sea devuelto a su ubicación original y analizar la situación.

2) Reexpedición:

   Si la incidencia se debe a un error logístico o de procesamiento que puede corregirse, una solución de cierre viable es la reexpedición del paquete al destinatario. Por ejemplo, si un pedido fue retenido debido a un error en la etiqueta de envío, la gestión del reparto corrige la etiqueta y envía nuevamente el pedido al destinatario correcto.

3) Destrucción:

   En situaciones donde el pedido es considerado no entregable, peligroso o no adecuado darle curso logístico, una solución de cierre puede implicar la destrucción del contenido del paquete. Por ejemplo, si un pedido contiene productos perecederos, se opta por destruir el contenido en lugar de intentar reenviarlo o reprocesarlo.

2. La documentación de la entrega y/o recogida

Contenido

2.1. Tratamiento de la documentación del proceso de entrega y/o recogida

2.2. Cumplimentación de la documentación resultado de la entrega y/o recogida

2.3. Protección de datos y registro de la información recogida en la documentación

La normativa que vincula los establecimientos comerciales con los consumidores en el contexto de la entrega a domicilio busca garantizar una relación justa y transparente. Las leyes y regulaciones cubren desde el derecho a la información y el desistimiento hasta la conformidad de los productos y la protección de datos.

Cumplir con estas normativas no solo protege a los consumidores, sino que también ayuda a los comercios a mantener una reputación confiable y a evitar sanciones legales.

La normativa que regula la relación entre los establecimientos comerciales que sirven sus productos a domicilio y los consumidores se enmarca en varias leyes y regulaciones que buscan proteger los derechos de los consumidores y asegurar que los comercios cumplan con sus obligaciones. A continuación, se detallan los principales aspectos legales que vinculan a ambos en el acto de compraventa:

1. Ley General para la Defensa de los Consumidores y Usuarios

En muchos países de la Unión Europea, como España, la Ley General para la Defensa de los Consumidores y Usuarios establece un marco amplio para proteger a los consumidores. Esta ley regula aspectos esenciales de la compraventa, incluyendo:

- Derecho a la información:

  Los consumidores deben recibir información clara, veraz y suficiente sobre los productos, incluyendo precio, características, condiciones de entrega y política de devoluciones.

  Los comercios deben detallar los gastos adicionales que puedan surgir, como los costos de envío.

- Derecho de desistimiento:

  Los consumidores tienen derecho a desistir del contrato de compra en un plazo específico (generalmente, 14 días) sin necesidad de justificación y sin penalización.

  El comercio debe informar claramente sobre el derecho de desistimiento y proporcionar un formulario para ejercerlo.

- Conformidad de los productos:

  Los productos deben ser conformes con la descripción hecha por el vendedor y cumplir con las expectativas del consumidor.

Si un producto es defectuoso, el consumidor tiene derecho a la reparación, sustitución, rebaja en el precio o devolución del dinero.

2. Normativas sobre comercio electrónico

Las normativas sobre comercio electrónico, como la Ley 34/2002, de 11 de julio, de servicios de la sociedad de la información y de comercio electrónico (LSSI-CE) en España, también son relevantes. Estas leyes regulan aspectos específicos del comercio *online*, incluyendo:

- Identificación del vendedor:

  Los establecimientos deben proporcionar información completa sobre su identidad, incluyendo nombre, dirección física y datos de contacto.

- Contratación electrónica:

  Los términos y condiciones del contrato deben ser accesibles y comprensibles para los consumidores.

  Los comercios deben confirmar la recepción del pedido de forma electrónica y ofrecer medios para corregir errores antes de finalizar la compra.

- Protección de datos:

  Las normativas de protección de datos, como el Reglamento General de Protección de Datos (RGPD) en la Unión Europea, exigen que los comercios manejen los datos personales de los consumidores con seguridad y confidencialidad.

  Los consumidores deben ser informados sobre cómo se usarán sus datos y tener la opción de consentir dicho uso.

3. Normativas específicas sobre la entrega de productos

Las regulaciones específicas sobre la entrega de productos a domicilio incluyen:

- Obligaciones de entrega:

  Los establecimientos deben cumplir con los plazos de entrega acordados y comunicar cualquier retraso al consumidor.

  En caso del no cumplimiento del plazo de entrega, el consumidor puede optar por la anulación del pedido y el reembolso total.

- Responsabilidad del transporte:

  El comercio es responsable de los productos hasta que estos sean entregados al consumidor.

Cualquier daño o pérdida durante el transporte es responsabilidad del comercio, que debe reemplazar el producto o reembolsar al consumidor.

- Documentación de la entrega:

  La entrega debe ser documentada adecuadamente, a menudo mediante la firma del consumidor o mediante pruebas electrónicas como fotos del producto en el punto de entrega o registros informáticos o digitales.

4. Normativas sectoriales

Dependiendo del tipo de producto, pueden aplicarse normativas adicionales, como las regulaciones sanitarias para alimentos y productos perecederos. Estas normativas aseguran que:

- Calidad y seguridad alimentaria:

  Los productos alimentarios deben cumplir con estrictos estándares de calidad y seguridad.

  El transporte debe realizarse en condiciones que garanticen la conservación adecuada de los productos perecederos.

RECUERDA

Los consumidores que compran productos por internet tienen derecho a recibir información clara sobre el producto y sus costos, a desistir de la compra en 14 días, a recibir productos conformes, a protección de sus datos personales y a reembolso o reemplazo en caso de producto defectuoso o entrega fuera del plazo acordado.

La documentación de entrega y los registros operativos son dos tipos de documentos esenciales para la gestión de la cadena de suministro y el cumplimiento de los requisitos de calidad. La documentación de entrega certifica la transferencia de propiedad de la mercancía, mientras que los registros operativos documentan las acciones realizadas en cada etapa del proceso. La trazabilidad es la capacidad de rastrear y seguir el movimiento de una mercancía o producto a lo largo de la cadena de suministro, y es un elemento clave para la seguridad y calidad de los productos.

1. Documentación de entrega

Se refiere a los documentos que certifican la transferencia de propiedad o posesión de la mercancía entre dos partes. Dan consistencia a los acuerdos de compraventa y prestación de servicios.

Ejemplos:

- Albarán de entrega.
- Factura.
- Nota de entrega.
- Documento de transporte (carta porte, CMR, etcétera).

Función:

- Sirve como prueba de la entrega de la mercancía al cliente o destinatario final.
- Permite registrar la transacción comercial y el cambio de propiedad.
- Facilita la gestión de cobros y pagos.
- Aporta información para la contabilidad y la logística.

2. Registros operativos

Son documentos que recopilan información sobre las actividades y operaciones realizadas en un proceso o área específica.

Ejemplos:

- Hojas de control.

- Registros de producción.

- Registros de mantenimiento.

- Registros de inspección.

- Bitácoras de trabajo.

Función:

- Documentan las acciones realizadas en cada etapa del proceso.

- Permiten rastrear el historial de la mercancía o producto a lo largo de la cadena de suministro.

- Facilitan la identificación de posibles errores o desviaciones del proceso.

- Sirven como evidencia para el cumplimiento de normas y estándares de calidad.

- Aportan información para la mejora continua de procesos.

3. Trazabilidad

Es la capacidad de rastrear y seguir el movimiento de una mercancía o producto a lo largo de la cadena de suministro.

Importancia:

- Permite identificar el origen, la ubicación y el historial de la mercancía en cualquier momento.

- Facilita la retirada de productos defectuosos o peligrosos del mercado y del circuito pedido-entrega.

- Aumenta la confianza de los consumidores en la seguridad y calidad de los productos.

- Contribuye a la transparencia de la cadena de distribución.

4. Requisitos de calidad

- Utilizar documentación legal: es importante utilizar documentación oficial y válida para respaldar las transacciones comerciales y las operaciones realizadas.

- Dejar una trazabilidad proceso a proceso: se debe mantener un registro detallado de las actividades y acciones realizadas en cada etapa del proceso, permitiendo rastrear el historial de la mercancía o producto.

Hoja de control del reparto de comida a domicilio

Información general

- **Empresa:** [Nombre de la empresa]

- **Repartidor:** [Nombre del repartidor]

- **Fecha:** [Fecha del fin de semana]

- **Turno:** [Turno del día (mañana/tarde/noche)]

Detalles del reparto (encabezado de la hoja de control)

N.º	Pedido ID	Cliente	Dirección	Salida	Hora de entrega	Estado del pedido	Incidencias	Observaciones
1	[ID-001]	[Cliente 1]	[Dirección 1]	[Hora salida]	[Hora entrega]	[Entregado/ No entregado]	[Descripción incidencia]	[Observaciones adicionales]

Resumen del día

- **Total de pedidos entregados:** [Número total]

- **Total de pedidos no entregados:** [Número total]

- **Incidencias comunes:**

  — [Descripción breve de las incidencias más comunes]

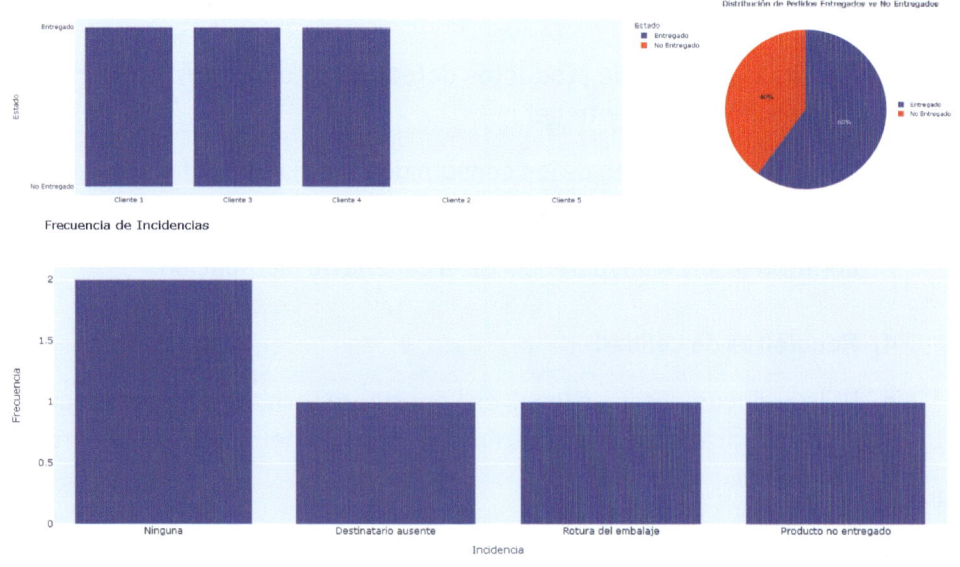

Panel de control a partir de las hojas de control.

BITÁCORA DE TRABAJO - Servicio a domicilio supermercado

Fecha: 13 de junio de 2024

Empleada: Antonia Blanco

Turno: Mañana (8:00 AM - 2:00 PM)

8:00 AM - 8:30 AM

Actividad: Revisión de pedidos del día.

Detalle: Verificar lista de pedidos pendientes, confirmar *stock* de productos y preparar rutas de entrega.

8:30 AM - 9:00 AM

Actividad: Preparación de pedidos.

Detalle: Recoger productos de las estanterías y el almacén, asegurarse de que los productos perecederos están frescos y empaquetados correctamente.

9:00 AM - 10:00 AM

Actividad: Empaque de productos.

Detalle: Empaquetar los productos en bolsas y cajas adecuadas, asegurarse de que los productos frágiles estén protegidos y los productos fríos estén en bolsas térmicas.

Actividad: Verificación de pedidos.

Detalle: Revisar cada pedido para asegurar que todos los productos solicitados están incluidos y en buen estado.

10:00 AM - 10:15 AM

Actividad: pausa para descanso.

10:15 AM - 11:00 AM

Actividad: Carga de vehículos de entrega.

Detalle: Cargar los pedidos en el vehículo de entrega, asegurarse de que los productos estén organizados según la ruta de entrega.

11:00 AM - 1:00 PM

Actividad: Entrega de pedidos.

Detalle: Realizar entregas según la ruta planificada, obtener la firma o confirmación digital del cliente al recibir el pedido.

1:00 PM - 1:45 PM

Actividad: Manejo de devoluciones.

Detalle: Recoger cualquier producto devuelto por los clientes, documentar el motivo de la devolución y devolver los productos al supermercado para su gestión.

Actividad: Actualización de bitácora.

Detalle: Registrar las entregas completadas, devoluciones y cualquier incidencia ocurrida durante las entregas.

1:45 PM - 2:00 PM

Actividad: Reporte de turno.

Detalle: Informar al supervisor sobre el estado de los pedidos entregados y cualquier problema encontrado, entregar la bitácora actualizada.

Notas adicionales:

Pedido #A1023: Cliente no estaba en casa, reprogramada entrega para el 14 de junio.

Pedido #B2045: Producto dañado durante el transporte, se procederá con la sustitución.

Pedido #C3078: Cliente solicitó cambio en la dirección de entrega para futuros pedidos.

Firmado: Antonia Blanco / Supervisora: María García

2.1. Tratamiento de la documentación del proceso de entrega y/o recogida

En el dinámico mundo del comercio moderno, la entrega y recogida de productos se han convertido en elementos principales para satisfacer las expectativas de los consumidores. Sin embargo, uno de los mayores desafíos que enfrentan las empresas de transporte, supermercados, restaurantes, tiendas y otros establecimientos comerciales es la gestión de la documentación asociada a estos procesos. Una gestión ineficaz puede llevar a retrasos, errores y una disminución de la buena imagen por la baja calidad del servicio. No obstante, con un enfoque estratégico y el uso de herramientas adecuadas, es posible transformar estas dificultades en oportunidades para mejorar las operativas. A continuación, exploraremos cómo manejar la documentación del proceso de entrega y recogida de manera profesional y eficaz.

2.1.1. La importancia de la documentación en la entrega y recogida

La documentación es el pilar que sostiene todo el proceso de entrega y recogida. Incluye la creación de albaranes, confirmaciones de entrega, registros de devoluciones y comunicación con el cliente. Una gestión adecuada asegura que todas las partes involucradas tengan la información necesaria en cada etapa del proceso, lo que reduce la posibilidad de errores y mejora la trazabilidad.

2.1.1.1. Transparencia y responsabilidad

La documentación precisa proporciona un registro claro de todas las transacciones y movimientos de productos. Esto es crucial para la transparencia y la responsabilidad, ya que permite a los supervisores y gerentes rastrear fácilmente cualquier discrepancia o problema que pueda surgir.

2.1.1.2. Satisfacción del cliente

Los clientes confían en recibir sus pedidos de manera puntual y correcta. La documentación adecuada permite durante la gestión interna que los pedidos se procesen y entreguen según lo contratado y prometido, y que cualquier problema se resuelva rápidamente: mejora la experiencia del cliente y fomenta la lealtad.

2.1.1.3. Estrategias para la gestión eficaz de la documentación

1. Digitalización de documentos:

La transformación digital es una de las herramientas más poderosas para mejorar la gestión de la documentación. Digitalizar los documentos reduce el tiempo y los costos asociados con el manejo de papel, y facilita el acceso y la búsqueda de información.

- Sistemas de gestión documental (DMS): permite almacenar y organizar documentos electrónicamente, lo que facilita su búsqueda y recuperación. Ofrecen funciones de seguridad avanzadas, es decir, que solo el personal autorizado tenga acceso a información sensible, confidencial o protegida.

- Firmas electrónicas: implementar firmas electrónicas agiliza el proceso de confirmación de entrega y recogida. Los clientes pueden firmar digitalmente al recibir los productos, lo que elimina la necesidad de documentos físicos y acelera el proceso.

2. Automatización de procesos:

La automatización puede reducir significativamente el esfuerzo manual requerido para gestionar la documentación y minimizar el riesgo de errores humanos.

- *Software* de gestión de entregas: herramientas específicas para la gestión de entregas permiten automatizar la creación de albaranes, el seguimiento de envíos y la notificación a los clientes. Estos sistemas se integran con el inventario y otros sistemas de gestión empresarial para proporcionar una visión integral de las operaciones.

- Alertas y recordatorios automáticos: configurar alertas automáticas para recordar a los empleados sobre entregas programadas, devoluciones pendientes o documentos que necesitan ser firmados. Esto asegura que ninguna tarea se pase por alto.

3. Capacitación del personal:

El éxito en la gestión de la documentación también depende del personal. Los empleados tienen que estar bien entrenados en el uso de las herramientas y sistemas implementados.

- Capacitación continua: ofrecer capacitación regular sobre las mejores prácticas y nuevas tecnologías en la gestión de documentos: cómo usar sistemas digitales y automatizados de manera eficiente.

- Procedimientos estandarizados: establecer procedimientos claros y estandarizados de la metodología de trabajo, de la relación con el cliente y de la documentación de entregas y recogidas. Ejemplo: La creación de guías y manuales que la plantilla pueda consultar.

4. Comunicación con el cliente:

Mantener una comunicación clara y constante con los clientes asegura que estén informados en cada etapa del proceso de entrega y recogida.

- Notificaciones proactivas: enviar notificaciones automáticas a los clientes cuando su pedido ha sido enviado, está en tránsito o ha sido entregado: información detallada sobre cómo y cuándo se entregará el pedido.

- Portal de clientes: crear un portal en línea donde los clientes puedan ver el estado de sus pedidos, descargar facturas y gestionar devoluciones. Esto reduce la carga administrativa y mejora la transparencia.

Un cliente estará más complacido si se siente bien informado en los tiempos adecuados porque la información oportuna reduce la incertidumbre y la ansiedad, construye confianza y mejora la práctica general. Al recibir actualizaciones claras y frecuentes sobre el estado de su pedido, el cliente se siente valorado y en control, lo que incrementa su confianza en el servicio y su disposición a repetir la compra. Esta transparencia y comunicación abierta mejoran la percepción del cliente hacia la empresa, y fomentan una relación más sólida y duradera.

2.1.1.4. Documentación de una entrega/recogida

La documentación de una entrega o recogida se refiere al conjunto de formatos escritos, electrónicos o visuales que respaldan y certifican el proceso de transferencia de bienes o servicios entre un proveedor y un cliente. Por tanto, dan soporte legal a las relaciones y transacciones comerciales.

Esta documentación mantiene un registro detallado de la transacción, incluyendo información relevante como fechas, detalles de los productos o servicios, condiciones de entrega, los sujetos involucrados (elementos personales) y las firmas correspondientes.

La documentación puede incluir facturas, recibos, órdenes de entrega, notas de entrega, y otros documentos relacionados que evidencian la realización y las condiciones de la entrega o recogida.

2.1.1.5. Registro de la información

El registro de la información se refiere al acto de recopilar, almacenar y organizar datos relevantes en un formato estructurado para su posterior referencia y análisis.

En el contexto de una entrega o recogida, el registro de información implica la captura detallada de datos relacionados con el proceso logístico, como la fecha y hora de la transacción, la identificación de los productos, la dirección de entrega, las condiciones del artículo entregado o recogido, y cualquier incidencia o comentario relevante.

Este registro puede mantenerse manualmente en documentos físicos o de forma electrónica a través de sistemas de gestión logística, permitiendo un seguimiento eficiente y un análisis de la información para mejorar la eficiencia operativa y la calidad del servicio.

La acumulación de los registros debidos permiten su tratamiento mediante bases de datos, análisis métrico o estadístico de la información, inteligencia de negocio o medición de los procesos mediante indicadores de gestión.

IMPORTANTE

Una aplicación informática de entrega a domicilio ayuda a los negocios a llegar a una base de clientes más amplia. Al permitir que los clientes realicen pedidos en línea, incluso aquellos que pueden estar fuera del área de servicio físico, se puede expandir el alcance del negocio y llegar a nuevos mercados y consumidores.

Las siguientes aplicaciones en la nube son herramientas útiles para restaurantes, comercios y empresas de entrega que desean gestionar eficientemente el proceso de reparto de pedidos a domicilio, generando la documentación y los registros oportunos para cumplir en plenitud con el servicio.

1) Glovo Business: esta aplicación ofrece una plataforma en la nube para que los restaurantes y empresas de entrega gestionen los pedidos de sus clientes. Permite la gestión de pedidos, asignación de repartidores, seguimiento en tiempo real y análisis de datos.

2) Uber Eats Manager: diseñada para restaurantes y comercios que trabajan con Uber Eats, esta aplicación proporciona herramientas para gestionar pedidos, monitorear el desempeño de ventas y optimizar la operación de entrega a domicilio.

3) Deliveroo for Business: esta plataforma en la nube permite a restaurantes y comercios gestionar pedidos de Deliveroo. Ofrece funciones para gestionar menús, recibir pedidos, programar entregas y analizar datos de ventas.

4) Postmates Merchant: ofrece una aplicación en la nube para que los comercios gestionen los pedidos y entregas a través de su plataforma. Permite aceptar pedidos, asignar repartidores, rastrear entregas y administrar pagos.

5) Zomato for Business: ayuda a los restaurantes y otro tipo de comercios a gestionar pedidos y entregas. Ofrece herramientas para administrar menús, recibir pedidos, gestionar entregas y obtener análisis de ventas.

2.2. Cumplimentación de la documentación resultado de la entrega y/o recogida

2.2.1. Contrato de transporte

Un contrato legal que establece los términos y condiciones del transporte de mercancías entre un remitente (cargador-expedidor) y un porteador-transportista. Este documento especifica las responsabilidades de ambas partes y los detalles del servicio de transporte en caso de retrasos, incumplimientos, daños en la mercancía o incidencias durante el servicio.

2.2.2. Carta de porte

Un documento de transporte que sirve como evidencia del contrato de transporte. Contiene información clave sobre la carga, las condiciones del servicio y los términos del acuerdo entre el remitente, el transportista y quien contrata el servicio de transporte si fuera un tercero.

2.2.3. Albarán de transporte (documento de control)

Documento que certifica la recepción de mercancías por parte del transportista para su entrega. Puede incluir detalles como la cantidad de bultos y descripción de los bienes, las condiciones de embalaje y la firma del transportista.

2.2.4. Albarán de entrega

Documento que acredita la entrega exitosa de bienes o servicios al destinatario. Contiene información sobre los artículos entregados, fechas y condiciones de entrega, y se firma para confirmar la recepción. En la actualidad, se está sustituyendo por comunicaciones electrónicas debido a su digitalización.

2.2.5. Nota de entrega

Documento que detalla los elementos entregados al cliente. Incluye información adicional sobre condiciones de los productos, instrucciones especiales, y la firma del cliente para confirmar la recepción. Hace las veces de comprobante en varias fases de la gestión de las entregas.

2.2.6. Manifiesto de entrega

Lista detallada de los bienes entregados en una ruta específica con carga consolidada de distintos clientes. Sirve para facilitar el control y la reconciliación de la carga entregada durante un periodo de tiempo determinado.

2.2.7. Orden de recogida

Instrucciones escritas para la recogida de mercancías en un domicilio específico. Puede ser generada por un cliente que solicita la recogida de productos a devolver o por un transportista como parte de la logística de retorno.

2.2.8. Albarán de recogida

Documento que certifica la recogida exitosa de bienes por parte del transportista. Se utiliza para confirmar la recolección de productos, proporcionando copia de ello a las partes interesadas.

2.2.9. Albarán de venta

Documento que acompaña a la mercancía durante su proceso de venta. Detalla la cantidad y descripción de los productos vendidos, y se utiliza para controlar el inventario y generar las facturas.

2.2.10. Factura

Documento contable que detalla la venta realizada, especifica el precio y términos de pago. Sirve como solicitud de pago por parte del comprador.

2.2.11. Recibo de entrega o recogida

Documento firmado por el destinatario o por el remitente que confirma la recepción o entrega de bienes o servicios. Puede ser parte suplementaria de las notas y albaranes.

2.2.12. Lista de contenido *(packing list)*

Es un documento detallado que acompaña un envío de mercancías y proporciona una descripción completa de los productos contenidos en cada unidad de embalaje. Incluye información como la cantidad, descripción, peso de cada artículo en el envío. Facilita la verificación y el seguimiento de los productos durante el proceso de transporte, ayudando a garantizar una entrega precisa y la correcta gestión de recepciones e inventarios. Además, la lista de contenido suele ser utilizada en procedimientos aduaneros para facilitar la inspección y el despacho de mercancías a través de las fronteras.

 SABER MÁS

Normativa de transporte relativa a los contratos de transporte, carta de porte y documento de control:

Ley 15/2009, de 11 de noviembre, del contrato de transporte terrestre de mercancías.

Orden FOM/1882/2012, de 1 de agosto, por la que se aprueban las condiciones generales de contratación de los transportes de mercancías por carretera.

Orden FOM/2861/2012, de 13 de diciembre, por la que se regula el documento de control administrativo exigible para la realización de transporte público de mercancías por carretera.

Real Decreto Ley 3/2022, de 1 de marzo, de medidas para la mejora de la sostenibilidad del transporte de mercancías por carretera y del funcionamiento de la cadena logística…

Convenio CMR. Instrumento de Adhesión de España al Convenio relativo al Contrato de Transporte Internacional de Mercancías por Carretera (CMR), hecho en Ginebra el 19 de mayo de 1956.

Contenido de una CARTA DE PORTE según la Orden FOM/1882/2012, de 1 de agosto

a) La fecha y el lugar en que se emitió el documento.

b) El nombre y la dirección de la persona o empresa que envía la mercancía, y si aplica, la información del remitente.

c) El nombre y la dirección de la empresa de transporte, y si aplica, de cualquier tercero que recoja y transporte la mercancía.

d) La fecha y el lugar en que la empresa de transporte recibió la mercancía.

e) El lugar y, si es conocida, la fecha estimada de entrega de la mercancía en su destino.

f) El nombre y la dirección de la persona o empresa a la que se enviará la mercancía, y si es necesario, una dirección adicional para notificaciones.

g) Descripción simple de los productos en el envío, indicando la cantidad de paquetes y sus marcas.

h) Si hay mercancía peligrosa, información sobre su naturaleza y la denominación según las leyes de transporte de materiales peligrosos.

i) La cantidad de mercancía, ya sea por peso u otra medida.

j) Tipo de envase utilizado para empaquetar la mercancía.

k) El coste acordado por el transporte y cualquier gasto adicional esperado.

l) Indicación de si el remitente o el destinatario paga por el transporte.

m) Si es necesario, declaración del valor de los productos o de cualquier interés especial en la entrega.

n) Instrucciones sobre los trámites y formalidades administrativas necesarios para las mercancías en el envío.

Contenido DOCUMENTO de CONTROL según la Orden FOM/2861/2012, de 13 de diciembre

a) El nombre o nombre de la empresa, número de identificación fiscal (NIF) y dirección del remitente acordado.

b) El nombre o nombre de la empresa y el NIF del transportista real.

c) El lugar desde donde se envía y hacia dónde va el paquete que será transportado.

d) Descripción simple y peso de la mercancía transportada. En casos donde sea difícil determinar el peso exacto, se utilizará otra medida para determinar su peso.

e) La fecha en que se llevará a cabo el transporte del paquete.

f) La matrícula del vehículo que se utilizará en el transporte. Si se usa un vehículo articulado, se debe proporcionar la matrícula tanto del vehículo tractor como del semirremolque o remolque que arrastra.

Si hay un cambio de vehículo durante el transporte, la empresa de transportes debe registrar esta información en la documentación de control.

g) Se agregarán observaciones, reservas o cualquier otra información útil si así lo solicitan los involucrados en el proceso.

CONTRATO MERCANTIL DE TRANSPORTE DE MERCANCÍAS POR CARRETERA

1 Cargador o remitente (nombre, domicilio y CIF/NIF)	El presente contrato se regirá en lo no previsto expresamente en el mismo por las Condiciones Generales de Contratación aprobadas por el Ministerio de Fomento (art. 13.5 Reglamento de la Ley de Ordenación de los Transportes Terrestres).
2 Consignatario o destinatario (nombre, domicilio y CIF/NIF)	14 Porteador (transportista u operador de transportes que ha contratado directamente con el cargador) (nombre, domicilio y CIF/NIF)
	15 Porteadores sucesivos (nombre, domicilio y CIF/NIF)
3 Lugar de entrega de la mercancía (localidad)	
4 Lugar y fecha de carga de la mercancía (lugar, fecha)	16 Reservas y observaciones del porteador
5 Documentos anexos	

6 Palabras, números u otras marcas o signos exteriores que identifican los bultos	7 Número de bultos	8 Clase de embalaje	9 Naturaleza de la mercancía	10 Peso bruto, kg.	11 Volumen m³

Clase	Cifra	Letra	(ADR)*		

17 A pagar por:	Cargador	12 Instrucciones del cargador
	Consignatario	
En fecha:		
Precio del transporte:		
Descuentos: -		
Líquido:		
Suplementos:		
Gastos Accesorios: +		13 Estipulaciones particulares** acerca de la carga y descarga o condiciones de transporte
TOTAL:		

18 Formalizado en a 20

19	20	21 Recibo de la mercancía Lugar a 20
Firma y sello del cargador	Firma y sello del porteador	Firma y sello del consignatario

* A rellenar en el caso de mercancías peligrosas
** Declaración de valor, interés especial en la entrega, seguros, indemnización por retrasos, reembolso, etc.

Modelo de referencia para elaborar la documentación mercantil de la contratación de servicios de transporte prestados en territorio nacional, tras la aprobación del Real Decreto Ley 3/2022, de 1 de marzo, de medidas para la mejora de la sostenibilidad del transporte de mercancías por carretera y del funcionamiento de la cadena logística.

Contenido de un ALBARÁN de VENTA

- Número de albarán: es un número identificativo del documento que se utiliza para su control.

- Fecha de emisión: es la fecha en la que se emite el albarán.

- Datos del vendedor: nombre y apellidos o razón social, dirección fiscal, NIF o CIF.

- Datos del comprador: nombre y apellidos o razón social, dirección fiscal, NIF o CIF.

- Descripción de los productos o servicios: se debe indicar el nombre, la cantidad y la unidad de medida de cada producto o servicio entregado.

- Precio de los productos o servicios: se debe indicar el precio unitario de cada producto o servicio, así como el precio total de la transacción.

- Impuestos: se debe indicar el tipo de IVA aplicado y el importe correspondiente.

- Plazo de pago: se puede indicar el plazo de pago acordado con el comprador.

- Lugar de entrega: se debe indicar el lugar en el que se entrega la mercancía o se prestan los servicios.

- Firma del comprador: el comprador debe firmar el albarán para que quede constancia de su conformidad con la entrega.

Existen dos tipos de albaranes de venta:

a) Albarán valorado: en este tipo de albarán se incluye el precio de cada producto o servicio, los descuentos que se le apliquen, el IVA y el importe total de la transacción.

b) Albarán sin valorar: en este tipo de albarán no se incluye el precio de los productos o servicios, por lo que se suele acompañar de una factura para que consten estos datos.

Es importante guardar los albaranes de venta durante al menos cuatro años, ya que pueden ser necesarios para justificar la existencia de una transacción comercial en caso de cualquier incidencia o controversia.

 RECUERDA

La **carta de porte** es un documento que certifica formalmente el contrato de transporte de mercancías, detallando datos del envío, remitente y destinatario. El documento de control es el creado para documentar y registrar el transporte de residuos, garantizando su trazabilidad y cumplimiento de normativas. El albarán de venta acompaña la mercancía en una transacción comercial, confirmando la entrega de productos y su cantidad, sin ser un documento legal de pago.

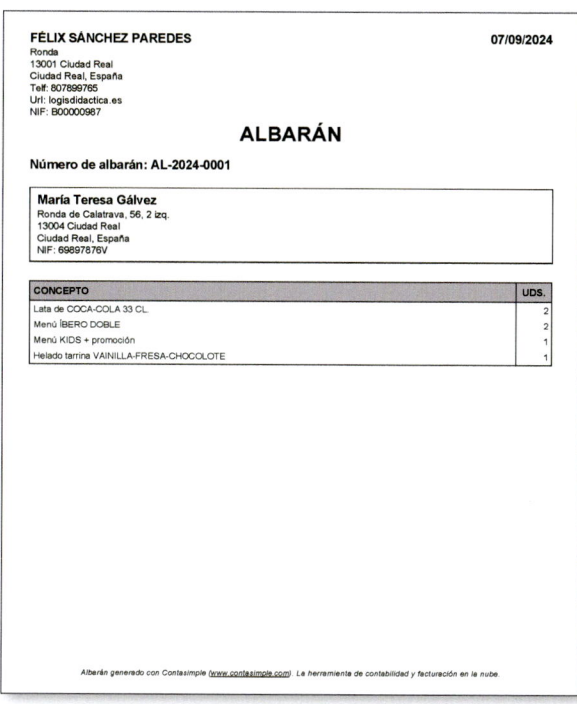

Ejemplo de plantilla para la elaboración de albaranes.

Encabezado: nombre y logo de la empresa, datos de contacto.

Fecha: fecha de emisión del albarán.

Datos del cliente: nombre, dirección y contacto del cliente.

Descripción del pedido: detalle de los productos entregados, cantidades y precios.

Total: suma total del pedido, IVA incluido.

Firma: espacio para la firma del repartidor y del cliente, confirmando la entrega.

Espécimen de nota de entrega

Espécimen de albarán de recogida de RAEE (residuos de aparatos eléctricos y electrónicos)

FORMATO TIQUE EN EL SERVICIO *DELIVERY*

Es un formato multifuncional en papel térmico, imprimido por impresoras específicas, y cuyo objeto es obtener comprobantes de las acciones de compra y de venta entre los establecimientos y sus clientes.

Hace la función de documento versátil. Desempeña diversas funciones en el proceso de entrega y recogida a domicilio. Su diseño sencillo y práctico lo convierte en una herramienta útil para la comunicación interna y la gestión de pedidos.

Funciones del tique en el *delivery*:

1) Factura simplificada: sirve como una factura simplificada para clientes que no requieren una factura completa con IVA desglosado. Debe incluir información como el nombre del negocio, el nombre del cliente, la dirección de entrega, los productos pedidos con sus precios y el total a pagar.

2) Nota de entrega: el tique funciona como una nota de entrega que confirma la recepción de los productos por parte del cliente. Debe incluir la fecha y hora de entrega, el nombre del repartidor y la firma del cliente.

3) Vale de compra: en algunos casos, el tique puede ser utilizado como un vale de compra para futuras compras del cliente. Debe incluir un código o número identificativo para su canje.

4) Orden de trabajo: el tique puede servir como una orden de trabajo interna para el personal de preparación y repartidores. Debe incluir información detallada sobre los productos pedidos, la dirección de entrega y las instrucciones especiales (si las hay).

Características del tique:

- Diseño sencillo y legible: el tique debe tener un diseño claro y fácil de leer, con información organizada de forma lógica.

- Información completa: debe incluir toda la información necesaria para cada función que desempeña (como factura, nota de entrega, vale de compra u orden de trabajo).

- Espacio para firma: debe incluir un espacio para la firma del cliente en caso de que se utilice como nota de entrega o vale de compra.

- Numeración correlativa: es recomendable utilizar un sistema de numeración correlativa para los tiques, lo que facilita el seguimiento y control de los pedidos.

Beneficios del tique en el *delivery*:

a) Mejora la comunicación interna: facilita la comunicación entre el personal de preparación y los repartidores, asegurando que todos tengan la misma información sobre el pedido.

b) Agiliza el proceso de entrega: reduce el tiempo necesario para procesar y entregar los pedidos, ya que toda la información está contenida en un solo documento.

c) Mejora la experiencia del cliente: proporciona al cliente un comprobante de su pedido y facilita la identificación del repartidor.

d) Reduce costes: al ser un documento simple y de baja inversión, permite ahorrar en comparación con facturas impresas más elaboradas.

 IMPORTANTE

Los requisitos y obligaciones relativas a la factura simplificada en encuentran regulados en la siguiente normativa:

Real Decreto 1619/2012, de 30 de noviembre, por el que se aprueba el Reglamento por el que se regulan las obligaciones de facturación.

Impresora de tiques con distintos formatos según el diseño de la información que cada negocio desea proporcionar como comprobante de operaciones.

¿Qué es una factura simplificada?

Es un documento que acredita la realización de una operación sujeta al impuesto sobre el valor añadido (IVA), pero con un contenido más reducido que la factura ordinaria.

¿Cuándo se puede emitir una factura simplificada?

Las facturas simplificadas pueden emitirse en los siguientes casos:

1) Operaciones cuyo importe no exceda de 400 euros, IVA incluido.

2) Facturas rectificativas.

3) Operaciones que tradicionalmente se han documentado con tiques o notas de entrega, siempre que su importe no exceda de 3000 euros, IVA incluido.

¿Qué requisitos debe cumplir una factura simplificada?

Las facturas simplificadas deben contener, al menos, los siguientes datos:

- Número de factura y, en su caso, serie.

- Fecha de expedición.

- NIF y apellidos, nombre o razón social del obligado a expedir la factura.

- Identificación del tipo de bienes entregados o servicios prestados.

- Importe total de la operación, IVA incluido.

¿Quién puede emitir una factura simplificada?

Cualquier persona o entidad sujeta al IVA (impuesto de valor añadido).

¿Cómo se debe conservar una factura simplificada?

Deben conservarse durante el plazo legal de conservación de los libros de contabilidad, que es de cuatro años a partir de la fecha de su expedición.

 ACTIVIDAD DE AULA

Elabora un albarán de entrega de una tienda de alimentación que realiza pedidos con servicio a domicilio. Los productos serán los habituales de una cesta de la compra ordinaria.

Utiliza medios como los siguientes:

1. Plantillas en Word o Google Docs: personalizar con la información específica del pedido y la tienda.

2. Hojas de cálculo (Excel o Google Sheets): organizar y calcular fácilmente los datos del pedido, precios y cantidades.

3. *Software* de facturación: utiliza un *software* gratuito o de prueba como FacturaDirecta o Invoice Home para generar albaranes de manera profesional.

4. Aplicaciones móviles: utilizar aplicaciones específicas para la creación de albaranes, como Zoho Invoice o Easy Invoice, disponibles para dispositivos móviles.

5. PDF editables: descarga plantillas de albarán en PDF que se pueden editar fácilmente con herramientas como Smallpdf.

6. Plataformas *online*: utilizar plataformas en línea como Canva o Lucidpress que ofrecen plantillas personalizables de albaranes de entrega.

2.3. Protección de datos y registro de la información recogida en la documentación

La protección de datos establece que las empresas que realizan entregas y recogidas a domicilio deben tratar la información de los servicios y los clientes remitentes y destinatarios de acuerdo con el Reglamento General de Protección de Datos (RGPD).

En concreto, las empresas deben cumplir los siguientes requisitos:

a) Obtener el consentimiento del cliente para tratar sus datos personales. El consentimiento debe ser expreso, libre, informado e inequívoco.

b) Informar al cliente de la finalidad del tratamiento de sus datos personales. La finalidad del tratamiento en este caso es la realización de la entrega o recogida del servicio.

c) Limitar el tratamiento de los datos personales a lo estrictamente necesario para la finalidad del tratamiento. En este caso, los datos personales necesarios son el nombre, apellidos, dirección, teléfono y correo electrónico del cliente remitente y destinatario.

d) Garantizar la seguridad de los datos personales. Las empresas deben adoptar las medidas de seguridad técnicas y organizativas adecuadas para proteger los datos personales de los clientes.

Además de estos requisitos generales, las empresas también deben cumplir los siguientes requisitos específicos:

1) En caso de que el cliente no se encuentre en el domicilio en el momento de la entrega, las empresas deben adoptar las medidas necesarias para

proteger los datos personales del cliente. Estas medidas incluyen, por ejemplo, no dejar el paquete a un tercero sin el consentimiento del cliente o solicitar al cliente que recoja el paquete en un punto de referencia.

2) En caso de que la empresa tenga que ceder los datos personales del cliente a un tercero, como, por ejemplo, la empresa de transporte, debe informar al cliente de esta cesión y obtener su consentimiento.

Las empresas que incumplan la normativa de protección de datos pueden ser sancionadas por la Agencia Española de Protección de Datos (AEPD).

En concreto, la AEPD puede imponer las siguientes sanciones:

- Multas de hasta 20 millones de euros o el 4 % del volumen de negocio global anual.

- Orden de cesación de la actividad de tratamiento de datos.

- Publicación de la sanción en el Boletín Oficial del Estado (BOE).

Por lo tanto, es importante que las empresas que realizan entregas y recogidas a domicilio conozcan y cumplan la normativa de protección de datos para evitar sanciones y garantizar la protección de los datos personales de sus clientes.

Los usos que se pueden hacer de los datos de clientes, empleados y proveedores, son los siguientes:

Clientes

- Realizar la entrega o recogida del servicio.
- Facturar el servicio.
- Comunicarse con el cliente para informarle sobre el estado del servicio y envío de promociones.
- Realizar encuestas de satisfacción.

Empleados

- Gestionar la relación laboral.
- Pagar los salarios.
- Proporcionar formación.
- Evaluar el rendimiento.

Proveedores

- Gestionar la relación comercial.
- Recibir los productos o servicios.
- Pagar los servicios.
- Evaluar el rendimiento.

Ficheros de datos principales en el servicio de entrega y recogida a domicilio.

IMPORTANTE

Una empresa que realiza entregas y recogidas a domicilio podría querer utilizar los datos de sus clientes para enviarles publicidad sobre sus productos o servicios. En este caso, la empresa tendría que informar a los clientes de esta finalidad y obtener su consentimiento expreso. Son válidos medios analógicos y digitales.

2.3.1. Protección de datos y servicio *delivery* del canal HORECA

A medida que los pedidos de comida en línea y a través de aplicaciones ajenas se hacen más populares, muchos restauradores se encuentran con más datos entre manos de los que saben manejar. Este flujo de información, recopilada con programas de fidelización y aplicaciones de entrega de terceros resulta útil, pero plantea el reto de proteger los datos de los clientes. Aquí es donde entra en juego el Reglamento General de Protección de Datos (RGPD). Bajo esta normativa, los restaurantes deben aplicar estrategias para mejorar la privacidad y la protección de los datos.

Hemos visto que el RGPD es un marco legal que establece directrices para la recopilación y el tratamiento de datos personales de personas que viven en la Unión Europea. Está diseñado para proteger los datos personales de los ciudadanos de la UE, permitiendo a los consumidores tener mayor control sobre su información personal.

2.3.2. Principales formas de cumplir con el RGPD

- Siga los datos: realice una auditoría para rastrear de dónde proceden los datos y qué consentimiento se ha obtenido. Si no cumplen con el RGPD, elimínelos.

- Obtenga un consentimiento válido: asegúrese de que los clientes den su consentimiento voluntariamente.

- Deles a los clientes control sobre sus datos: ofrezca acceso fácil a sus datos y responda rápidamente a las solicitudes de eliminación.

- Actualice políticas de privacidad y *cookies*: sea transparente sobre la recopilación y tratamiento de datos.

- Verifique el cumplimiento de proveedores externos: asegúrese de que todos los proveedores también cumplan con el RGPD.

- Documente todas sus actividades: mantenga un registro continuo de sus esfuerzos para estar preparado en caso de auditoría.

2.3.3. Información sensible de carácter personal y privado

La protección de datos sensibles bajo la normativa busca dar garantías de privacidad y seguridad de la información personal de los individuos, previniendo su uso indebido y protegiendo los derechos de los ciudadanos.

Está diseñada para proteger una amplia gama de información personal, especialmente aquella que es considerada más sensible. A continuación, se detallan los tipos de información más sensible que protege esta normativa:

I. Tipos de información sensible protegida.

Datos personales identificables (PII):

Información que puede ser utilizada para identificar directa o indirectamente a una persona.

Ejemplos: Nombre, dirección, número de teléfono, dirección de correo electrónico, número de identificación personal (DNI o pasaporte).

Datos de localización:

Información que puede ser utilizada para determinar la ubicación geográfica de una persona.

Ejemplos: Datos de GPS, dirección IP, historial de ubicaciones.

Datos financieros:

Información relacionada con las finanzas personales.

Ejemplos: Número de tarjeta de crédito, información bancaria, historial de crédito.

Datos de salud:

Información sobre el estado físico o mental de una persona.

Ejemplos: Historias clínicas, diagnósticos médicos, resultados de pruebas, datos de seguro médico.

Datos biométricos:

Información derivada de características físicas, fisiológicas o de comportamiento de una persona que permiten su identificación única.

Ejemplos: Huellas dactilares, reconocimiento facial, escaneos de iris.

Datos genéticos:

Información relativa a las características genéticas heredadas o adquiridas que proporcionan una información única sobre la fisiología o la salud de una persona.

Ejemplos: Resultados de pruebas de ADN, perfiles genéticos.

Datos de convicciones y sanciones penales:

Información sobre antecedentes penales y sanciones administrativas.

Ejemplos: Registros de condenas penales, antecedentes judiciales.

Datos relativos a la vida sexual o la orientación sexual:

Información sobre las preferencias, prácticas y orientación sexual de una persona.

Ejemplos: Historial de relaciones sexuales, preferencias sexuales.

Datos sobre creencias religiosas o espirituales:

Información que revela las creencias religiosas o filosóficas de una persona.

Ejemplos: Afiliación religiosa, datos de membresía en organizaciones religiosas.

Datos sobre la afiliación sindical:

Información sobre la pertenencia a sindicatos.

Ejemplos: Afiliación a sindicatos, participación en actividades sindicales.

 ACTIVIDAD DE AULA

Un establecimiento comercial local vende productos preparados (como comidas listas para comer) y no preparados (como ingredientes frescos y alimentos envasados) con servicio de entrega a domicilio.

Necesita cumplir con el Reglamento General de Protección de Datos (RGPD) para proteger la información personal y sensible de sus clientes.

Datos sensibles que el establecimiento maneja:

- Datos personales identificables (PII).

- Datos financieros.

- Datos de localización.

- Datos de salud (si aplica).

Facilita EMPRENDE:
Cumplimiento para pymes y emprendedores

Está diseñada para pymes y emprendedores que necesitan cumplir con el RGPD. Utiliza cuestionarios específicos para caracterizar los tipos de tratamiento de datos realizados por la empresa y genera documentos adaptados que sirven de guía para cumplir con las obligaciones normativas.

Dirigida a: organizaciones con modelos de negocio que utilizan tecnologías como plataformas colaborativas, comercio electrónico, aplicaciones web o análisis masivo de datos.

Facilita RGPD:
Simplificación del cumplimiento normativo

Es una herramienta diseñada para ayudar a empresas y profesionales que manejan datos personales de bajo riesgo a cumplir con el Reglamento General de Protección de Datos (RGPD) y la Ley Orgánica 3/2018. Utiliza un cuestionario en línea de hasta 20 minutos para evaluar si los datos tratados pueden considerarse de bajo riesgo y proporciona los documentos mínimos necesarios para cumplir con la normativa.

Dirigida a: entidades que tratan datos personales de clientes, proveedores o recursos humanos.

2.3.4. Solicitar consentimiento según el RGPD

El Reglamento General de Protección de Datos (RGPD) exige que el consentimiento de los interesados sea «inequívoco», lo que implica una manifestación clara por parte del interesado, como una acción afirmativa. Esto significa que el consentimiento tácito, permitido anteriormente en la normativa española, ya no es válido. No son aceptables formas como casillas previamente marcadas o la inacción. En cambio, son válidas una declaración escrita o la marcación de casillas en un sitio web.

El consentimiento bajo el RGPD debe ser:

* Libre.

- Revocable.

- Probable en cualquier momento por el responsable.

- Expresado con lenguaje claro y sencillo.

Adicionalmente:

Si se usa una declaración escrita, debe diferenciarse claramente la parte relativa a la protección de datos.

Cuando el consentimiento es para múltiples fines, pueden agruparse si están relacionados (por ejemplo, recibir publicidad), pero deben separarse si implican diferentes tratamientos (como el tratamiento de datos y su cesión a terceros).

En ciertos casos, además de ser inequívoco, el consentimiento debe ser explícito:

- Tratamiento de datos sensibles.

- Adopción de decisiones automatizadas.

- Transferencias internacionales.

2.3.5. Circular 1/2023 sobre el Artículo 66.1.b) de la Ley General de Telecomunicaciones

- Publicación y ámbito de aplicación

  La Circular 1/2023, publicada en el BOE el 28 de junio de 2023, regula la aplicación del artículo 66.1.b) de la Ley 11/2022, que garantiza el derecho de los usuarios finales a la *protección de datos personales y privacidad en comunicaciones comerciales no solicitadas.*

- Derecho a no recibir llamadas comerciales no deseadas

  Los usuarios tienen derecho a no recibir llamadas comerciales no solicitadas a menos que hayan dado su consentimiento previo o que exista otra base legal conforme al artículo 6.1 del RGPD.

- Bases legales para el tratamiento de datos

  La Circular establece que, además del consentimiento del usuario, el interés legítimo puede ser una base legal válida para realizar llamadas comerciales, siempre que no prevalezcan los derechos y libertades del interesado.

- Criterios de aplicación y presunciones

  a) Las llamadas a números generados aleatoriamente sin consentimiento previo están prohibidas.

b) Los números en las guías telefónicas solo pueden usarse con el consentimiento expreso del usuario.

c) Se presume que existe un interés legítimo si hay una relación contractual previa y los datos se usan para productos o servicios similares a los contratados.

d) Sin relación contractual previa, no se presume una expectativa razonable de los usuarios para recibir llamadas comerciales.

- Garantías adicionales

Para asegurar la transparencia y responsabilidad proactiva:

1) Informar al usuario al inicio de la llamada sobre la identidad del llamante y la finalidad comercial.

2) Respetar cualquier manifestación de oposición del usuario.

3) Grabar las llamadas para demostrar el cumplimiento normativo.

- Consultas y exclusión publicitaria

Se deben consultar sistemas de exclusión publicitaria antes de realizar llamadas comerciales, según lo previsto en la Ley Orgánica 3/2018.

- Tratamiento de datos de contacto de empresarios individuales

El tratamiento de datos de personas físicas, empresarios individuales y profesionales liberales se considera lícito bajo los términos del artículo 19 de la Ley Orgánica 3/2018.

2.3.6. Diferencias entre contratos de transporte y documentación comercial en el comercio minorista

En el complejo entramado del comercio minorista, la gestión eficiente de documentos define cómo resultará la logística de transporte y cómo debe producirse la relación directa con los clientes. La distinción entre los contratos o albaranes de transporte y la documentación comercial como albaranes, tiques o facturas es importante ya que existe un cumplimiento legal al respecto que los clientes y consumidores también valoran.

¡Recuerda!

Contratos o albaranes de transporte

Son documentos legales que regulan la relación entre los establecimientos comerciales y las empresas de transporte. Estos documentos detallan las condiciones de entrega de la mercancía, incluyendo el tipo de transporte utilizado, las responsabilidades en caso de daños o pérdidas durante el transporte, y las fechas y lugares de entrega acordados. Son fundamentales para establecer claramente las obligaciones de ambas partes y proteger los intereses de cada una.

Documentación comercial: albaranes, tiques y facturas

Por otro lado, la documentación comercial, como albaranes, tiques y facturas, se utiliza en las transacciones entre los establecimientos comerciales y sus clientes. Cada uno de estos documentos cumple una función específica:

- Albaranes: son documentos internos que detallan los productos entregados al cliente. Su función principal es servir de evidencia de que la mercancía ha sido entregada, y su contenido suele incluir la descripción de los productos, cantidades, precios unitarios y totales.

- Tiques: a menudo conocidos como recibos, los tiques son documentos que los establecimientos emiten al cliente en el momento de la compra. Contienen información como la fecha y hora de la transacción, los productos adquiridos, los precios y el total a pagar. Son útiles para los clientes como comprobante de compra y para los establecimientos para gestionar inventarios y ventas diarias.

- Facturas: son documentos comerciales que detallan la venta de bienes o servicios y sirven como solicitud de pago. Son más formales que los tiques y generalmente se emiten después de la entrega de los productos. Contienen información detallada como los datos del vendedor y del comprador, los detalles de los productos o servicios, los precios unitarios y totales, y los términos de pago acordados.

Importancia de la diferenciación:

Diferenciar entre los contratos o albaranes de transporte y la documentación comercial tiene el objetivo profesional de saber cumplir con las normativas legales y facilitar una gestión eficiente de las operaciones comerciales. Los contratos de transporte garantizan una entrega segura y organizada de la mercancía entre los establecimientos y las empresas de transporte, mientras que los albaranes, tiques y facturas aseguran una correcta documentación y transparencia en las transacciones comerciales con los clientes. Esta distinción no solo fortalece las relaciones comerciales, sino que también contribuye a la eficiencia operativa y a la satisfacción general de todas las partes involucradas en la cadena de suministro y ventas del comercio minorista.

SUPUESTO PRÁCTICO SOLUCIONADO

Registro de las operaciones posteriores a la entrega y recogida a domicilio

La empresa Delivery Trans se dedica a la entrega y recogida de productos a domicilio. Durante una jornada de trabajo, la repartidora Marisa Aranda realiza varias entregas y recogidas. Al finalizar su turno, debe registrar todas las operaciones realizadas, incluyendo las incidencias que ocurrieron durante el proceso. Los controles después del reparto se basan en la capacidad de reclasificar los productos y los pedidos pendientes de solución o reparto, registrar las incidencias y cumplimentar la documentación necesaria.

Listado de productos entregados y recogidos

Productos entregados:

1. Paquete A (Cliente: María López)

2. Paquete B (Cliente: José García)

3. Paquete C (Cliente: Ana Martínez)

Productos recogidos:

1. Paquete X (Cliente: Pedro Sánchez)

2. Paquete Y (Cliente: Luisa Fernández)

Incidencias derivadas durante el proceso

1. **Destinatario/a ausente:**

   - Cliente: José García

   - Producto: Paquete B

2. **Rotura del embalaje del producto:**

   - Cliente: Ana Martínez

   - Producto: Paquete C

3. **Producto no entregado:**

   - Cliente: Laura Gómez

   - Producto: Paquete D (No figura en el listado de productos entregados/recogidos inicial, pero se agrega para evaluar esta incidencia)

Pasos que ejecutar tras el reparto

1. Clasificación de los productos:

- Clasificar los productos con los que se regresa según su estado: recogidos, devueltos, no entregados.

2. Registro de incidencias:

- Diferenciar la naturaleza y origen del registro: entrega, recogida, producto no entregado, producto extraviado, incidencia.

- Anotar las incidencias en la aplicación de registro.

3. Cumplimentación de la documentación:

- Cumplimentar en la aplicación las operaciones derivadas del proceso de entrega y recogida de productos.

- Cotejar los registros con el listado de reparto.

- Cumplimentar la documentación a entregar al superior jerárquico.

Aplicación al supuesto práctico

1. Clasificación de productos:

- Correcta identificación y clasificación de los productos recogidos, devueltos y no entregados.

  — Productos recogidos: Paquete X, Paquete Y

  — Productos devueltos: Paquete B (destinatario ausente)

  — Productos no entregados: Paquete D (producto no entregado)

2. Registro de incidencias:

- Precisión en el registro de las incidencias ocurridas durante el proceso.

  — Destinatario ausente: Paquete B (José García)

  — Rotura del embalaje: Paquete C (Ana Martínez)

  — Producto no entregado: Paquete D (Laura Gómez)

- Adecuada diferenciación de la naturaleza y origen de cada incidencia.

3. Cumplimentación de la documentación:

- Correcta cumplimentación de las operaciones derivadas del proceso en la aplicación informática.

- Exactitud al cotejar los registros con el listado de reparto.

- Completa y correcta entrega de la documentación requerida al superior jerárquico.

Formato de registro

Tabla de clasificación:

Producto	Cliente	Estado
Paquete A	María López	Entregado
Paquete B	José García	No entregado
Paquete C	Ana Martínez	Entregado (dañado)
Paquete X	Pedro Sánchez	Recogido
Paquete Y	Luisa Fernández	Recogido
Paquete D	Laura Gómez	No entregado

Tabla de incidencias:

Incidencia	Producto	Cliente	Descripción
Destinatario ausente	Paquete B	José García	Cliente no se encontraba en casa
Rotura del embalaje	Paquete C	Ana Martínez	Embalaje dañado durante entrega
Producto no entregado	Paquete D	Laura Gómez	No se pudo completar la entrega

Documentación para el control de la calidad del servicio:

1. Listado de productos entregados, recogidos y no entregados.

2. Registro de todas las incidencias ocurridas.

3. Cotejo de registros con el listado de reparto.

4. Informe detallado de las operaciones y recomendaciones para mejorar el proceso.

Plantilla para el listado de productos entregados, recogidos y no entregados

Listado de productos

Producto	Cliente	Estado	Observaciones
Paquete A	María López	Entregado	
Paquete B	José García	No entregado	Destinatario ausente
Paquete C	Ana Martínez	Entregado (dañado)	Rotura del embalaje
Paquete X	Pedro Sánchez	Recogido	
Paquete Y	Luisa Fernández	Recogido	
Paquete D	Laura Gómez	No entregado	Producto no entregado

Plantilla para el registro de todas las incidencias ocurridas

Registro de incidencias

Fecha	Producto	Cliente	Tipo de incidencia	Descripción
2024-06-14	Paquete B	José García	Destinatario ausente	Cliente no se encontraba en casa
2024-06-14	Paquete C	Ana Martínez	Rotura del embalaje	Embalaje dañado durante entrega
2024-06-14	Paquete D	Laura Gómez	Producto no entregado	No se pudo completar la entrega

Plantilla para el cotejo de registros con el listado de reparto

Cotejo de registros

Producto	Cliente	Estado	Listado inicial	Registro final	Observaciones
Paquete A	María López	Entregado	Sí	Sí	
Paquete B	José García	No entregado	Sí	Sí	Destinatario ausente
Paquete C	Ana Martínez	Entregado (dañado)	Sí	Sí	Rotura del embalaje
Paquete X	Pedro Sánchez	Recogido	Sí	Sí	

Producto	Cliente	Estado	Listado inicial	Registro final	Observaciones
Paquete Y	Luisa Fernández	Recogido	Sí	Sí	
Paquete D	Laura Gómez	No entregado	No	Sí	Producto no entregado

Plantilla para el informe detallado de las operaciones y recomendaciones para mejorar el proceso

Informe detallado de las operaciones

Fecha: 2024-06-14
Repartidor: Juan Pérez

Resumen de operaciones:

- **Productos entregados:**
  - Paquete A: entregado a María López.
  - Paquete C: entregado a Ana Martínez (embalaje roto).

- **Productos no entregados:**
  - Paquete B: no entregado a José García (destinatario ausente).
  - Paquete D: no entregado a Laura Gómez.

- **Productos recogidos:**
  - Paquete X: recogido de Pedro Sánchez.
  - Paquete Y: recogido de Luisa Fernández.

Incidencias reportadas:

- **Paquete B (José García):** destinatario ausente.
- **Paquete C (Ana Martínez):** rotura del embalaje.
- **Paquete D (Laura Gómez):** producto no entregado.

Recomendaciones para mejorar el proceso

1. Optimización de rutas:

- Implementar un sistema de optimización de rutas para reducir el tiempo de entrega y recogida.

2. Comunicación proactiva con clientes:

- Establecer un sistema de comunicación proactiva para confirmar la disponibilidad de los clientes antes de la entrega.

3. Mejora del embalaje:

- Revisar y mejorar la calidad del embalaje para evitar daños durante el transporte.

4. Capacitación adicional:

- Proporcionar capacitación adicional a los repartidores sobre la gestión de incidencias y la importancia del registro detallado.

5. Tecnología de seguimiento:

- Implementar tecnología de seguimiento en tiempo real para monitorear el estado de las entregas y recogidas.

Test de autoevaluación

1. **¿Cuál de los siguientes medios es habitualmente utilizado en las operaciones posteriores de entrega y recogida de productos a domicilio?**

   A) Computadora portátil.

   B) Maquinaria pesada.

   C) Herramientas de jardinería.

2. **Para qué se utiliza el registro de los procesos de reparto y entrega en las operaciones de entrega y recogida de productos a domicilio?**

   A) Para reducir el número de empleados.

   B) Para justificar el reporte de información al superior jerárquico.

   C) Para decorar la oficina.

3. **¿Cuál es la primera tarea en la secuencia de tareas derivadas de procesos estandarizados de entrega y recogida de productos?**

   A) Anotar las incidencias del proceso.

   B) Clasificar los productos con los que se regresa.

   C) Cumplimentar la documentación a entregar al superior jerárquico.

4. **¿Qué debe hacerse con los productos no entregados después de una entrega fallida?**

   A) Desecharlos.

   B) Clasificarlos y registrarlos como no entregados.

   C) Enviarlos a otro destinatario.

5. **¿Cuál es la utilidad de una computadora portátil en las operaciones posteriores de entrega y recogida?**

   A) Realizar llamadas telefónicas.

   B) Registrar y reportar la información de las entregas y recogidas.

   C) Hacer pedidos de nuevos productos.

6. **En un supuesto práctico, si un producto se entrega con el embalaje roto, ¿qué se debe hacer?**

   A) Devolverlo al remitente sin registrarlo.

   B) Anotar la incidencia en la aplicación y reportarlo.

   C) Ignorar la rotura del embalaje.

7. **¿Qué tipo de documentación debe ser cotejada con el listado de reparto antes de entregarla al superior jerárquico?**

   A) Documentación financiera.

   B) Documentación de incidencias y registros de entrega y recogida.

   C) Publicidad de la empresa.

8. **¿Qué se debe hacer con un producto devuelto?**

   A) Clasificarlo y registrarlo como devuelto.

   B) Tirarlo a la basura.

   C) Enviarlo a otro destinatario.

9. **¿Cuál de las siguientes es una incidencia que debe anotarse en la aplicación de registro?**

   A) Destinatario/a ausente.

   B) Horario de almuerzo del repartidor.

   C) Cambio de ruta del repartidor.

10. **¿Qué equipo es esencial para registrar las operaciones de entrega y recogida?**

   A) Impresora 3D.

   B) Escáner de código de barras.

   C) Cámara de vídeo.

11. **¿Qué información se debe reportar al superior jerárquico después de una entrega fallida?**

   A) El clima durante la entrega.

   B) Las incidencias y los productos no entregados.

   C) El nombre del repartidor.

12. **¿Qué se debe hacer si un producto se extravía durante el proceso de entrega?**

   A) No hacer nada.

   B) Anotar la incidencia y reportarla.

   C) Sustituir el producto sin informar.

13. **¿Cómo se deben clasificar los productos recogidos?**

   A) Por tamaño y color.

   B) Según su estado: recogidos, devueltos y no entregados.

   C) Según el nombre del cliente.

14. **¿Qué se debe hacer con las incidencias registradas durante el proceso de entrega y recogida?**

   A) Archivar sin revisar.

   B) Revisar y reportar al superior jerárquico.

   C) Enviar por correo a los clientes.

15. **¿Cuál es la principal utilidad de la secuencia de tareas estandarizadas en la entrega y recogida de productos?**

   A) Reducir costos de operación.

   B) Asegurar la eficiencia y precisión del proceso.

   C) Incrementar el número de entregas fallidas.

16. **¿Qué documento se debe cumplir al finalizar una operación de entrega o recogida?**

   A) Factura de compra.

   B) Documentación de las incidencias y productos entregados/recogidos.

   C) Publicidad de nuevos productos.

17. **¿Cuál es el primer paso que se debe realizar si el destinatario está ausente durante la entrega?**

    A) Devolver el producto al almacén.

    B) Anotar la incidencia de destinatario ausente.

    C) Dejar el producto en la puerta.

18. **¿Para qué se utilizan los escáneres de código de barras en el proceso de entrega y recogida?**

    A) Para leer los códigos de barras y registrar la información de los productos.

    B) Para imprimir etiquetas.

    C) Para hacer fotocopias.

19. **¿Qué información debe ser registrada en la aplicación de entrega y recogida?**

    A) Detalles personales del repartidor.

    B) Incidencias, productos entregados y recogidos.

    C) Anuncios publicitarios.

20. **¿Qué debe hacerse al completar la documentación para el superior jerárquico?**

    A) Cotejar los registros con el listado de reparto.

    B) Enviar por correo electrónico sin revisar.

    C) Guardar en un archivo físico o informático.

Glosario

Calidad del servicio: nivel de satisfacción y cumplimiento de expectativas en la prestación del servicio.

Cliente: persona o entidad que compra bienes o servicios.

Comprobante de entrega: documento que certifica la recepción exitosa de un pedido.

Consumidor/a: persona que utiliza bienes o servicios para satisfacer sus necesidades.

Contrato de transporte: acuerdo legal que define las condiciones de entrega entre partes.

Control operativo: supervisión y gestión de las operaciones diarias.

Despacho de pedidos: proceso de preparación y envío de productos solicitados.

Devolución: proceso de devolver un producto por diversas razones.

E-commerce: comercio electrónico, compra y venta en línea (por internet).

Embalaje de pedido: envoltura que protege productos durante el transporte.

Empaquetado de pedido: proceso de colocar productos en envoltura para su entrega.

Envío: transporte de productos desde el vendedor al comprador.

Experiencia del cliente: percepción y satisfacción del cliente en sus interacciones.

Factura simplificada: documento fiscal que detalla una transacción comercial básica.

Food delivery: entrega de alimentos preparados a domicilio.

Gestión de las incidencias: proceso de manejar problemas o reclamaciones.

Inventario: registro detallado de productos en *stock*.

Incidencia: evento que afecta el funcionamiento normal de un proceso.

Indicador de calidad: medida que evalúa el nivel de eficacia o cumplimiento de condiciones y objetivos.

Inspección de calidad: evaluación para asegurar estándares de calidad.

Naturaleza del producto: características inherentes de un artículo desde fábrica hasta consumo.

Notificaciones a clientes: mensajes que informan sobre el estado de un pedido.

Pedido: solicitud de productos o servicios.

Planificación de rutas: organización de caminos para entregas eficientes.

Plazo de entrega: periodo estimado para la recepción de un pedido.

Precisión de la entrega: exactitud en cumplir con las condiciones de entrega.

Protección de datos: medidas para salvaguardar información personal.

Puerta a puerta (entrega): servicio que lleva productos directamente al domicilio del cliente.

Puntualidad de la entrega: cumplimiento del horario acordado para la entrega.

Registro de control: documento que registra acciones o eventos.

Reparto: distribución capilar de bienes o servicios, es decir, en zonas urbanas o rurales de ámbito local.

Rotación de inventarios: movimiento de productos en *stock* en función de los ritmos de ventas.

Seguimiento de los pedidos: monitorización del progreso de entregas.

Seguridad alimentaria: medidas para prevenir riesgos en alimentos.

Servicio posventa: asistencia al cliente después de la compra.

Sistema de información: *software* o herramienta informática para gestionar datos y procesos administrativos de forma integral.

Take away: comida para llevar con o sin entrega domiciliaria.

Tiempo de entrega: duración entre la solicitud y la recepción de un pedido.

Tratamiento de datos: manejo seguro de información personal.

Trazabilidad de los pedidos: capacidad de rastrear el historial y ubicación de un pedido.

Usuario/a: persona que utiliza un sistema, producto o servicio.